보람과 바람

디지털 시대 내러티브의 윤리성과 미래지향적인 인문학

디지털 시대 내러티브의 윤리성과 미래지향적인 인문학

보람과 바람

김영룡

전북대학교출판문화원

Per Angela

목차

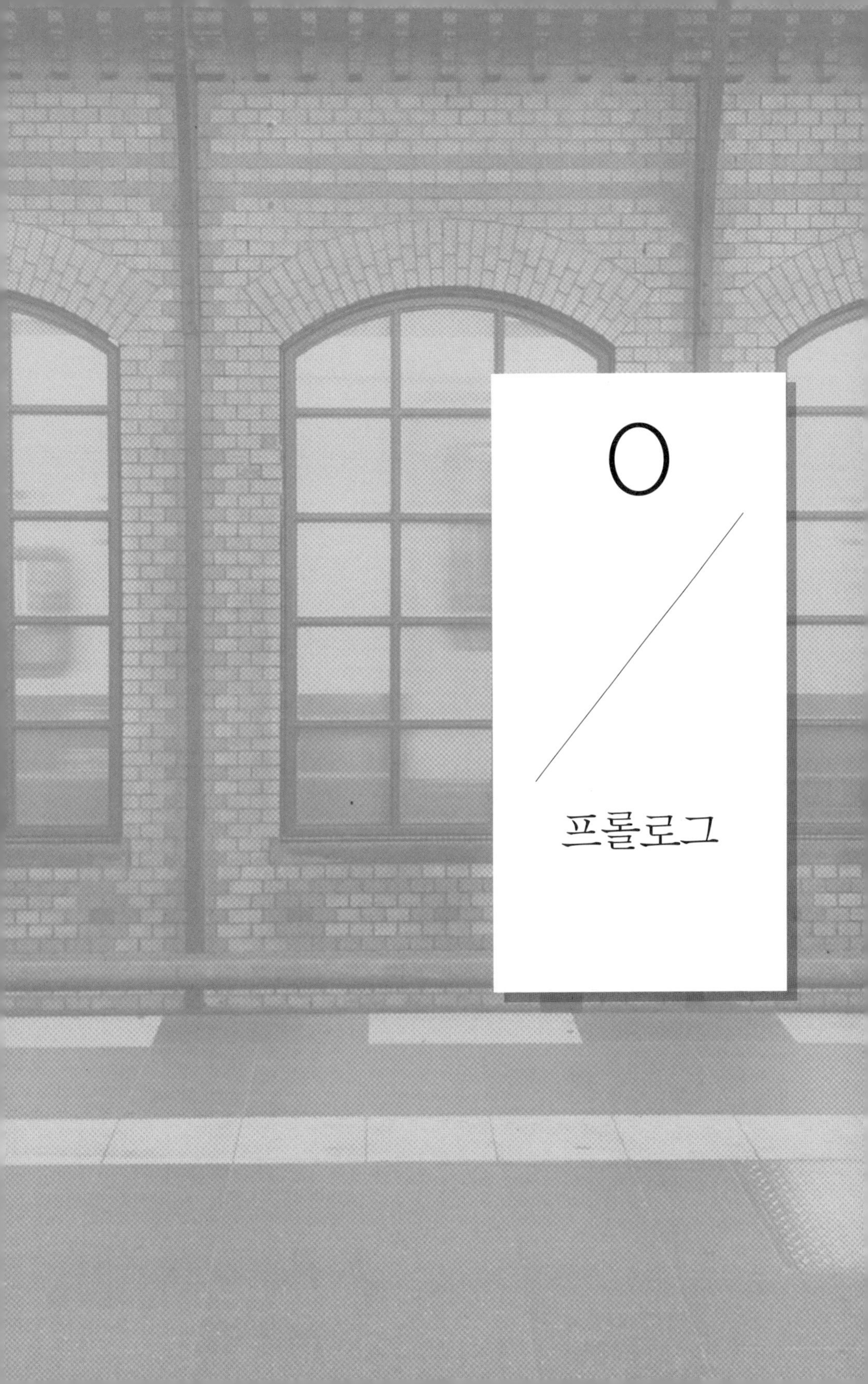

0

프롤로그

1 경계적 사고와 행성적 사유

우리에게는 자칫 21세기의 발전된 커뮤니케이션 기술에 기반한 글로벌한 사유가 일반화되어 있지만, 자본의 세계화와 교환체계의 통일과 통합의 과정은 서구 제국주의의 역사와 함께한다. 글로벌한 세계이해와 행성적 사유의 문예학적 근원에 대한 논의를 시작하는 데 가장 주요한 논의 지점으로는 세계 질서의 변화에 따른 학문분과의 새로운 정렬이 필요하였던 영어권의 비교문학 연구 분야에서 제기된 문제의식이다. 가장 일반화되었으면서 여전히 강한 흡입력을 지닌 논쟁점으로는 무엇보다도 스피박 Gayatri Chakravorty Spivak의 『학문분과의 죽음 Death of a Discipline』(Spivak 2003)을 이야기 할 수 있다. 우리나라에서는 『경계선 넘기』라는 제목으로 번역 출간된 이 책에서 스피박은 베를린 장벽의 붕괴 이후에 비교문학 혹은 문화학과 지역학을 수반한 문학연구 분과에 제기된 새로운 도전과 새로운 학문분과의 정립을 시도한다. 스피박 자신을 포함한 아시아계 이민의 증가가 낳은 사회문화적 변화를 받아들여야 하는 당대의 시대적 사명을 설명하고자 하는 이 저서에서 기존의 학문분과의 존폐를 걱정하게 하는 위기 상황의 배경으로 '기존의 지역학이 냉전시대 미국의 힘을 확보하기 위해 생겨났고, 비교문학은 독일을 위시한 유럽의 지식인들이 전체주의 정권을 피해서 망명해 왔기 때문'(스피박 2008, 34)이라는 판단을 전제한다. 정치 사회적 전제가 변화한 시점에서 이제는 문학 연구가 더 이상 유럽 국가의 문학에 국한되지 않고 그 경계를 넘어서야 한다(스피박 2008, 37)는 스피박의 주장은 아마도 많은 부분 포스트모더니즘의 이론적 논의에 많은 영감을 받은 것 같아 보인다. 정치적 경계를 넘고 언어와 사회문화적 한계를 넘어서고 더 이상 유럽 중심주의적 사유를 모델로 삼지 않고 지역학과 문예학의 고전적 규범과 그 허울을 넘어서는 새로운 영역과 다양한 장르로의 확산에 버금가는 새로운 문학 분과의 성립을 위해서 스피박이 주장하는 바는 전 지구적인 사유, 즉 우리의 지구를 하나의 전체 행성Planet으로 바라보는 행성적 사유이다. 그녀의 주장은 다음과 같은 문장에 잘 나타난다.

> 우리의 주위에는 비유의 이성적 파괴를 외치는 요란한 소리가 있다. 명징성에 대한 요구가 아니라, 이데올로기적으로 보통 사람이 즉각 이해할 수 있어야 한다는 요구가 있다. 이것은 문화적 효용으로서 문학의 힘을 파괴한다. 문학교육이 대학에 의해 후원되어야 한다고 여전히 믿는 사람은 누구나 읽는 법을 배워야 한다는 것을 인정해야만 한다. 그리고 읽기를 배우는 것은 미결정적인 의미의 비유를 책임있게 문자 그대로의 뜻으로 자꾸만 탈비유화하는 것을 배우는 것이다. 문화적 설명으로 입문하는 것은 그러한 종류의 읽기 훈련이라는 것이 내 믿음이다. 읽기에 착수하지 않음으로써 우리는 인문학과 문화교육 사이의 연계를 끊게 된다.

> 이 장에서 나는 지역학에 의해 보완되는 비교문학의 후원 하에서 이른바 집합성이 경계선 넘기를 할 때 이들은 자신들을 대륙적인, 지구적인, 세계적인 것으로보다는 전지구적인 것으로 상상한다. 지구the planet는 쉽사리 주장되어질 수 있다. 내가 이 말을 불러내는 데에 어떤 노력이 내포되어 있는지를 설명해 보겠다.
>
> 나는 지구라는 단어가 세계the globe라는 단어를 덮어 쓸 것을 제안한다. 세계화는 모든 곳에 동일한 교환체계를 강요하는 것이다(스피박 2008, 141-142).

위 인용 구절의 우리말 번역에서는 the planet을 지구로 번역하는 바 이는 아마도 저자인 스피박이 행성으로서의 지구의 존재를 the globe라는 세계화를 전제로 하는 구체로서의 지구 개념과 동일시 하고 있어서 그런 듯하지만, 주지하다시피 독일의 경우 이미 20세기 초반의 논의에서 행성적 사유와 글로벌한 사유를 구분 지우는 논의들이 존재한다. 스피박의 경우 몇 차례에 걸쳐서 하이데거를 언급하고 있지만, 하이데거 등의 행성적 사유와 본인의 논지 사이의 변별점을 인지하고 있는지 불분명하다(vgl. Spivak 2003, 27, 33, 43). 스피박의 논지에서 일반화되어 있으며 자칫 일반화되어 통용되는, 지구 혹은 행성이라는 개념에서 바라보는 전지구적 세계화의 관점과 바이마르 공화국 시기에 성립된 독일어권의 행성적 사유의 차별성을 가장 잘 보여주는 지점은 칼 슈미트의 행성적 사유에 대한 개념 정의이다(Schmitt 1997). 칼 슈미트는 그의 『대지의 노모스Der Nomos der Erde im Jus Publicum Europaeum』에서 근대의 서구 제국주의가 이뤄놓은 정치경제적인 국제질서를 '글로벌'하다고 특성 지우고, 이 세계 정치 경제 체제가 지닌 글로벌한 특성은 제1차 세계대전과 함께 유럽의 세계 헤게모니가 붕괴됨으로써 낡은 체제가 되어버렸다고 주장한다(Schmitt 1997, 56). 슈미트는 20세기 초반에 이뤄진 포스트-글로벌한 시대를 '행성적planetarisch'이라고 특징 지웠다(Schmitt 1991, 61).

스피박의 논의가 냉전체제의 종식과 좌우 이데올로기의 대립의 이면에 있는 논의에 기반하고 있다면(Spivak 2003, 30), 바이마르 공화국 이래의 독일어권에서 형성된 행성적 사유는 슈미트의 정의에서 보이듯이 세계화의 사유와 대립적인 개념으로 이해된다. 재화의 순환과 자본의 축적에 기반한 글로벌이제이션/세계화의 개념과 달리, 행성적 사유는 경계를 넘어서, 익숙한 경제 순환 모델과 어긋나는 차별적인 것들, 즉 '타자'와의 조우를 전제한다. 칼 슈미트와 마찬가지로 에른스트 윙어 역시 『노동자Der Arbeiter』(1932)에서 행성적 사유의 글쓰기를 잘 설명하고 있다. 일반적으로 세계화의 담론이 세계자본의 축적과 부가가치를 생산하는 로지스틱의 경제적 특질에 정초하고 있는 반면에 행성적 사유는 단순히 경제적인 차원의 담론으로부터 벗어나는 시도이다(Bergmann u.a.(Hgg.) 2010, 17). 소위 '세계자본', 즉 경계를 넘어서 전지구적으로 활보하는 자본은 이익을 극대화하기 위하여, 공간적으로나 국경에 의해서 제한적인 활동공간을 담보하고, 이 세계화과정은 단지 경제적으로뿐만 아니라, 근대의 역사철학과 근대의 주체가 지닌 성찰의 과정을 지배한다(Derrida 1992, 31f.). 세계화의 과정 속에서 근대의 인류는 우리 인간의 본질에 도달할 수 있으리라는 믿음을 지녔다. 우리나라의 경우 밀레니엄 시대를 전후하여 광풍처럼 휘몰아치던 세계화라는 화두가 개방과 개혁의 키워드처럼 여겨졌지만, 실은 세계 자본시장으로의 종속적인 편입과 예속화를 새로운 관점에서 바라보게 하는 계기가 되었다. 세계화의 철학과 정치경제학의 논리는 데리다의 용어를 빌리자면 '(실체가 부재한) 유령의 지리학geistige Geographie'과 결부되어 있다(Derrida 1992, 19).

슬로터다이크Peter Sloterdijk의 경우에는 세계화의 과정을 3단계로 나누어 설명하고자 하며, 마지막 단계는 인터넷으로 이야기되는 전 세계의 네트워크 상황의 완성이라 할 것이다(Sloterdijk 2006, 34). 반면에 바이마르 공화국 시대 이래의 행성적 사유에 대한 논의들은 전지구적인 네트워킹화가 낳을 역사의 종말에 대한 언급과는 상이한 논지를 설파한다. 에른스트 윙어의 관점에서 보자면 새로운 기술 발전이 낳은 네크워킹의 심화는 기실 전쟁의 위험성을 증대시킬 것이며, 그의 소설 『헬리오폴리스Heliopolis』(1949)에는 인공위성으로 인해 만들어진 네트워크사회가 낳은 위기 상황 역시 묘사되어 있다. 구소련의 스푸트니크Sputnik가 야기한 체제경쟁과 냉전의 심화와 쿠바 위기에서 보여지듯이 기술발전과 전지구적 네트워크의 완성은 전쟁의 위기를 극대화시켰으며, 이렇듯 기술적 혁신이 낳은 현대사회의 위기상황을 진단하며 칼 야스퍼스Karl Jaspers는 이미 1930년 저서 『현대의 정신적 상황Die geistige Situation der Zeit』에서 "기술적으로나 경제적으로나 모든 문제들은 행성적으로 되는 것처럼 보인다"(Jaspers 1999, 74)라고 설파한다. 이 견해는 이후 『원자폭탄과 인류의 미래Die Atombombe und die Zukunft der Menschheit』(1958)에서 한계상황에 몰린 인류의 처지에 대한 논지로 발전하며, 이후 비릴리오Paul Virilio의 속도의 정치학Dromologie에 영향을 끼친다(Virilio 1980, 59). 비릴리오의 핵전쟁에 대한 논의에서 잘 나타나 있듯이, 행성적 사유는 제1차 세계대전

직후의 이론적 전개를 필두로 냉전체제의 논의를 포괄하며, 최근에는 사이버전쟁 혹은 해킹전쟁 그리고 최근의 우크라이나 전쟁에서 보이는 바와 같은 드론 전쟁에 이르기까지 전통적인 전쟁의 모습을 변화시켰다.

앞서 이야기 한 바와 같이 칼 슈미트는 이러한 역사의 전개에서 기존의 정치 경제적 토대의 변화와 이에 따른 유럽중심주의의 붕괴를 읽어내고 있는 바, 슈미트와 같은 시대에 살았던 한스 프라이어Hans Freyer는 국민 국가주의에 기반한 유럽중심주의를 한 축에 두고, 다른 한 축에는 행성주의를 설정하는 국가관을 주장한다(Freyer 1920). 프라이어는 19세기의 기술의 발전의 결과인 당대 세계 질서에 대항하여 기술과 산업 분야에서의 행성적 과정을 설명하면서, 모든 인간 사이의 경계를 허물어야 하며, '지구의 인간화와 인간의 지구화Vermenschlichung der Erde und Verirdischung des Menschen'를 주장한다(Freyer 1920, 172). 제1차 세계대전의 기술적인 물량전쟁을 경험한 프라이어에게 지구와 인간의 행성적 결합이 낳은 결과물에 대해서는 쉽사리 예측하기 어려워 보였다. 그럼에도 결국 국가제도는 기술과 경제 분야의 행성적 발전에 발맞춰 정치제도의 탈바꿈이 불가결하다는 1920년에 주장 되어진 프라이어의 확신은 10년이 지난 1930년 에른스트 윙어에 의해서 수용되어 '총동원die totale Mobilmachung'(Jünger 1930)의 이데올로기로 성장하였고, 예의 칼 슈미트의 행성적 사유로 발전한다(Schmitt 1991; Schmitt 1997).

신대륙의 발견에서 20세기 초반에 이르는 근대의 글로벌리제이션의 특성은 칼 슈미트의 논의에 따르자면 서구 이성주의의 '글로벌한 경계선사고das globale Liniendenken'에 의해서 규정지워진다(Schmitt 1997,

261). 세계화의 초창기에는 '우호의 경계선Lines of Amity'에 의해서 법률적으로나 경제적으로 우월적 지위를 지닌 공간을 경계 지웠으며, 이로써 갈등의 외주화와 자본의 순환과 축적을 가능하게 하는 경계선 사고가 유럽의 국가들을 지구의 다른 지역과 영역을 나누고 구분하였다. 그러나 1884년 워싱턴에서 개최된 국제 자오선회의는 그리니치 천문대를 본초 자오선으로 정하는 자오선 규정을 의결하고 국제표준시GMT를 정하였다. 본초 자오선의 규정은 정치적인 계산 보다는 기술적인 편의성에 기반한 것이며 이로써 이제까지의 정치 경제학을 규정하는 법률과 규정이 의미가 없어지고, 내 영역과 타자의 영역을 구분하는 경계선 대신에 자오선은 전지구적인 사유의 기반을 제시한다. 아감벤의 논의에서도 나타나는 바와 같이 '지구 전체를 넘어서 확산되는 새로운 대지의 노모스'가 행성적 사유의 기반이 된다(Agamben 2002, 49).

'대지의 노모스가 그 존재기반을 지니는, 공간적 자리매김Ortung과 세상의 질서Ordnung 사이의 연관관계가 법률이 배제된 영역에 항시 내재되어 있다'(Agamben 2002, 47)는 칼 슈미트의 논지에서 아감벤이 흥미롭게 읽어내는 지점은 법률로부터 자유로운 이 공간에서는 주권이 노모스에 의해서 공간적 자리매김으로 규정된 경계들을 더 이상 알지 못한다는 점이다. 가령 대항해의 시대가 시작할 무렵의 유럽에서는 이와 같이 법률의 위력이 아직 미치지 못하던 경계선 너머의 예외상태와 유사한 공간이란 바로 신대륙 아메리카를 의미하였다. 아감벤은 이 공간적으로나 시간적으로 아마도 텅 빈 공간을, 비릴리오는 아마도 비판적 공간이라고 불렀을 그 공간을 설명하기 위하여 '시간적으로나 공간적으로 모든 법률적 요건들의 수행이 정지되는 영역'을 다음과 같은 칼 슈미트의 인용을 통해서 설명하고자 한다.

> 시간적으로는 전쟁권의 선포로 시작되어, 종국에는 전쟁배상의 진행을 통해서 정상적인 법률질서의 시효로부터 구분되며, 공간적으로는 효력영역에 대한 정확한 명시를 통해서 경계된다. 이 시공간적인 영역 내에서는 사안에 비춰 필수 불가결한 조치들이 이뤄진다. 이러한 사건진행을 설명하는 고대의 상징이 존재하는 바, 몽테스키에 역시 이를 언급한다. 즉 자유의 여신상 또는 정의의 여신상은 일정 시간 동안 눈이 가려져 있다는 것이다(Schmitt 1997, 66f.).

아감벤이 이 인용문에서 읽어내고자 하는 바는 아마도, 공간적 자리매김Ortung과 법적 질서Ordnung사이의 연결관계Nexus의 버츄얼한 단절이 '모든 법률 요건의 수행 정지'라는 형태로 자기 내부에 존재한다는 점이다(Agamben 2002, 47). 예외상황Ausnahmenzustand이라는 개념을 설명하고자 하는 아감벤의 논지는 공간적 배열과 시간적 질서지움 사이의 연결고리가 사라진 이 '복잡한 위상학적 형상die komlexe topologische Figur'을 염두에 두고 전통적인 경계선이 사라지고 법적으로는 텅비어 있으나 그럼에도 유효한 지대를 다음과 같이 설명한다. 즉, "주권 권력이란 바로 이처럼 외부와 내부, 자연과 예외, 피지스와 노모스의 구분 불가능성 그 자체를 말한다. 따라서 예외 상태란 시공간적인 지양이라기보다는, 예외와 규정뿐만 아니라, 자연의 상태와 법률이, 그리고 역외와 역내가 서로 교차하여 가로지르는 복합적인 위상학적 형상이다(Agamben 2002, 48)." 법적으로는 경계 지울 수 없지만, 주권의 실효 지배가 용인되는 '이 복잡한 위상학적 형상'은 새로운 대지의 노모스에 힘입어 전지구적으로 영역을 넓혀갔다. 이러한 행성적 사유는 본초 자오선의 설정으로 유럽중심주의적 경계선 사유가 붕괴되며 제시되었던 행성적 사유에서와 마찬가지로 다시금 인터넷과 가상세계에 의한 실제 세계와 버츄얼한 세계 사이의 경계가 사라짐을 목도하고 있으며, 더 나아가서 비판적 공간과 헤테로토피아의 논의를 발전시켰다. 전통적으로 이야기되던 작가의 죽음, 혹은 주체의 붕괴를 넘어서서 문예학의 위기와 문학 연구라는 학문분과의 '죽음'까지도 설파한 작금의 논의들에서 스피박이 주목하고 있는 점은 '지구라는 행성은 일종의 타자성을 함유하고 있으며, 우리가 단지 지구를 빌려서' 살아가는 것이 아닌가 하는 점이다. 이러한 스피박의 생각은 에른스트 윙어의 소설 『헬리오폴리스』의 주제의식이나 하이데거의 행성적 사유의 핵심이 되는 우리 인간의 본질인 '길잃은 상태Irre'와 그 맥이 닿아 있다(Heidegger 2009, 85, 197). 1930년대에 이미 하이데거는 인간의 행성적인 실존이 지닌 본질을 이 방황 혹은 길잃은 상태로 규정 하였는 바, 지속적으로 진행되는 길 잃음의 과정에서 인간의 사유도 그리고 그 어떤 행위도 우리의 행성 지구에 대한 총체적인 시야를 확보하지 못한다는 점에 주목한다. 칼 슈미트에서 출발하여 프라이어와 윙어를 거치면서 이뤄진 글로벌리제이션-세계화 모델의 붕괴는, 극도의 이분법적인 분열을 넘어서 나와 너의 경계, 자아와 타자의 구분을 나누는 경계의 붕괴를 야기하는 바, 이로써 '행성적 조우'가 내포한 비판적 공간의 갈등이 지니는 양가성을 하이데거는 보여준다. 이 행성적 조우는 적대적일 수도 있고 우호적일 수도 있다. 칼 슈미트와 비릴리오가 행성적 조우의 위험성에 대해서 이야기 한다면, 반면에 에른스트 윙어와 스피박은 칼 슈미트의 견해와는 정반대로 이 행성적 조우의 새로운 가능성에 대해서 이야기한다. 반면에 하이데거, 악셀로스Axelos와 낭시Nancy는 그 이중성을 강조한다. 이 조우가 한편으로는 기술적 학문적 진보가 야기한 새로움과 다른 한편으로는 변화된 양상의 혁신을 아우르는 바, 이는 포스트 모던하고 네트워킹이 완성된 지구 행성의 특질을 규정한다.

행성적 서사와 전 지구적인 조우가 야기하는 문학과 문예학의 특질은 그 구조적인 개방성과 지향점의 투명성에도 불구하고 미래를 예언하는predict 서사의 힘은 자격 미달이며, 단지 비유적으로 예시prefigure할 수 있다(Spivak 2003, 49). 이 비유적 예시가 지닌 잠재력das präfigurative Potential은 행성적 조우가 야기할 미래의 상을 확정하기 보다는 가능성들을 피구라의 힘을 빌어 예시적으로 담보한다 할 것이다. 이는 우리가 에리히 아우어바흐의 피구라 개념에서 잘 보아온 바와 같이 구약성경에서 신약성경의 예수 그리스도의 수난Passio의 과정을 읽어낸다는 점에서 익히 잘 알고 있는 지점이다(Auerbach 1938).

2 표징과 지표

인공지능과 휴먼로봇 및 무인자동차의 상용화, 혹은 초연결 사회the hyper-connected society(유영성 외 2013, 16)라는 표현 등으로 대변되어지는 소위 "제4차 산업혁명Industry 4.0"이라는 화두는 새로운 기술적

성과와 혁신적인 커뮤니케이션 방법의 발전, 그리고 이에 따른 인간의 인지능력의 발전과 확장된 세계인식의 결과이다. 작금의 '알파고 신드롬'을 위시한 포스트휴먼 논의의 출발점에서 역시 빼놓을 수 없는 문제의식은 이미 발터 벤야민Walter Benjamin(1892-1940)이 자신의 매체미학을 통해서 처음 테제화한 기술매체의 발전과 인간의 인지능력과의 상관관계에 대한 고전적인 논의이다(Benjamin 1991, 478). 반면에 현대인의 삶이 지닌 정체성 위기에 덧붙여 21세기의 멀티미디어적 통신환경은 '주관성의 객관화'를 이야기하거나, 서사의 중심을 이야기하기 더욱 어렵게 한다. 작금의 매체의 확장 혹은 새로운 기술적 매체의 발전이라는 인류사적 변화에 직면한 문학적 상상력의 미래에 대한 우려 혹은 막연한 자신감은 일찍이 벤야민의 「기술복제시대의 예술작품」(1936)을 위시한 다양한 매체사 및 매체 미학적 논의들에서 출발한다. 잘 알려진 바와 같이 여기에서 벤야민이 주장하고자 하는 바는 새로운 기술적 미디어의 발전이 끼친 예술 형식의 변화를 '아우라Aura'라는 개념으로 설명하고자 한 것뿐만 아니라 그 예술을 향유하는 관객의 인지 능력의 변화에 대한 논의를 심화시키고자 함이었다(Lindner 2006, 233). 매체의 발전과 그에 따른 인간의 인지능력의 상관관계를 규명하는 것은 21세기를 살아가는 현 인류에게도 절대적인 필요성을 지닌다. 기계와 인간('무인주행자동차'), 인공지능과 인간('알파고'), 혹은 인간을 대체하는 휴먼 로봇의 존재가 장차 인간의 문화적 감수성 혹은 창의력의 영역을 대체할 수 있을까에 대한 논의는 아마도 인류가 새로운 매체사적 변환기에 새로운 매체의 습득을 통해서 본연의 인지능력을 적응 발전시킬 수 있었는지에 대한 질문을 통해서 규명 가능할 것이다.

다른 한편 세계문학사는 다양한 매체 형식의 서사적 혁신의 역사로 설명될 수 있다. 물론 이러한 서사적 혁신의 저변에는 인간 지각의 종류와 그 작동 방식이 급격한 변화를 겪고 있다는 현실 인식이 깔려 있음은 주지의 사실이다. 이는 매체사적으로는 마셜 맥루한Marshall McLuhan에 의해서 '미디어는 메시지이다'라는 명제로 확장되어진 바 있다. 월터 옹Walter Ong의 제2의 구술성 개념이나 프리드리히 키틀러Friedrich Kittler의 기재시스템Aufschreibesystem, 제이 볼Jay Bolter와 리처드 그루신Richard Grusin의 재매개Remediation 개념에 이르기까지 다양한 미디어 개념의 형성과 전개에 있어서 가장 본류를 관통하는 문제의식은 아마도 현실은 항시 '상징'으로 매개되고, 이러한 의미에서 보자면, '버츄얼하게' 인지된다는 점이다(Hartmann 2000, 19). 이러한 점에서 보자면 현대의 심미적 상황은 버츄얼한 실재virtuelle Realität와 현실reale Realität이 어떻게 서로 영향을 주고받는가 하는 '매개'의 문제를 묻고 있는 셈이다. 본 연구는 이러한 문제의식에서 출발한다. '새로운 매체는 새로운 내러티브를 필요로 하는가?'(Ryan 2004, 354)하는 도발적인 질문은 아마도 작금의 문학적 현실에 기반한 유보된 답변만을 얻을 수 있을 것이다. 새로운 디지털 매체가 요구하는 문학적 상상력이 기존의 보편적 인식모델을 충족시키면서 새로운 문학적 대안을 제공할 수 있을지에 대해서는 영화라는 '새로운' 미디어를 바라보는 벤야민의 고민과 다름이 없다.

벤야민에게 아우라적 공간의 상실로 여겨졌던 모더니티는 이제 디지털 시대의 초연결성이 낳은 시공의 경계상실이라는 새로운 현실로 다가온다. 21세기의 우리는 '사이버' 공간의 상호교류와 소통에 기반하여 삶을 영위한다. 모바일 컴퓨터, 클라우드 컴퓨팅, 초고

속 인터넷, 사물인터넷internet of things, 빅데이터 현상을 포괄하는 '초연결성'의 시대에는 사람-사물-공간-시스템이 네트워크화된 생태계가 형성되어, 물리적인 세계와 사이버세계의 실시간 연결뿐만 아니라, '사이버 세계를 자신의 내부에 품는 사물 세계 간의 네트워크 연결이 증폭되는 삶으로 진화 발전'하리라고 예견된다(유영성 외 2013, 16). 초연결 사회는 사람과 사물, 데이터, 프로세스, 시간과 공간, 지식 등이 상호 네트워크로 연결되어 센서와 엑추에이터actuator를 통해 사이버 세계와 물리적 세계가 융합된 사회를 말한다(유영성 외 2013, 135). 초연결 사회 담론은 소셜 미디어를 통한 사람 간의 연결뿐만 아니라, 사물인터넷으로 대표되는 사람과 사물 간의 연결, 사물들 간의 연결, 그리고 증강현실augmented reality과 같은 사람과 공간, 사물과 공간 등의 연결로 인한 서비스 확장 등을 모두 포괄한다. 소셜 미디어와 모바일기기의 이용수준이 높아지고 다양한 모바일 스마트기기 간에 쉽게 연동되는 현재의 네트워크 환경을 상징적으로 설명할 때 우리는 초연결 사회라는 용어를 사용하는데 더 이상 낯설어하지 않는다.

초연결 사회의 우리는 자신의 기억정보를 노트북이나 스마트폰에 저장하고 있다. 맥루한의 확장된 신체로서의 미디어 개념에 견주어 보자면 우리의 기억과 함께 마음이 신체 외부로 이전된 것이다. '손 안의 컴퓨터'라 불리는 스마트폰의 보급은 이러한 '기억의 외부화'를 더욱 가속화 시켰다. 우리는 전화번호와 주소, 일정을 비롯하여 많은 '기억'들을 그곳에 저장하고 있다. 이는 최근에 학자들이 주장하는 외부로 '확장된 마음extended mind'의 실례인 셈이다.[1] 새로운 커뮤니케이션 상황의 도래는 항시전통적인 미디어 문화와의 긴장관계를 도출시킨다. 오늘날 초연결 사회의 문화현상들은 그 생산, 수용, 가공, 소비의 영역에서 새로운 기술적 매체의 활용으로 인해 상호매체성의 복합적인 수용과 영향을 제외하고는 그 존립 기반을 생각할 수 없다. 이미 플라톤이 새로운 커뮤니케이션 상황인 문자문화의 폐해를 이야기(『파이드로스』)한 것이나, 루터가 활자 인쇄술에 대해서 언급한 것은 주지의 사실이다. '구텐베르크 은하계'의 종말과 뉴미디어의 출현을 거시적인 관점에서 해명하기 위한 다양한 이론적·실천적 명제들은 이미 도출 된 바 있다.[2] 무엇보다 뉴미디어의 전

---

1 기억의 외부화(혹은 기억의 외화)란 기억 주체의 기억내용을 정보화하여 컴퓨터에 저장하는 것을 의미한다. 이는 그렇게 저장된 기억이 나의 통제를 벗어날 수 있으며, 컴퓨터 시스템과 거기에 접속하는 타인들에게 공개될 가능성을 함축한다. 인류의 역사에서 이러한 기억의 외부화 현상은 그럼에도 그렇게 새로운 것이 아닐 수 있다. 문자는 정보의 생산·저장·분배의 측면에서 보자면 기억의 외화를 가능하게 하였던 가장 본질적인 저장 미디어이다. 문자성은 우리 문화의 가장 본질적인 기본 요소이며, 더구나 우리들의 사고·인식·문화의 매체 종속성은 그리 새롭지 않다. 작금의 연구의 결과를 분석하면 인류는 이제까지 문화적 기억력의 재구성과 관련하여 3번의 결정적인 전환점을 맞이하였다. 즉, ①육체 기억력brain memory에서 문자 기억력script memory으로의 전환, ②육필수기 문화에서 인쇄 기억력print memory으로의 전환, ③책에서 전자 기억력electronic memory으로의 전환이 그것이다.

2 각기 매체인류학, 매체미학, 매체사, 매체기술사 또는 매체문화사의 이름으로 행해진 여러 연구들 중에서 특히 맥루한McLuhan, 해블록Havelock, 구디Goody 등의 북미권 학자들이나, 데리다, 보들리야르, 비릴리오Virilio, 쭘터Zumter 등 프랑스어권 학자, 볼츠Bolz와 풀루서Flusser 등 독일어권 학자들의 저작들은 뉴미디어 이론의 교과서가 되었다. 문학텍스트의 매체적 수용과 그 '생산적 수용'에 해당하는 구체화는 이미 수 백 년 전부터 행해진 바, 그것은 문학연구 및 강의에서도 오래전부터 활용되었다. 영상 매체를 비롯한 뉴미디어의 기제가 등장하기 이전의 활자문화시대에서는, 예컨대 시작품들의 시화전(詩畵展), 한 편의 시의 연극화 등 주로 문학 장르 상호간의 또한 예술장르 상호간의 경계를 넘나드는 전이의 형태('변용')로의 구체화 양상이 그 주류를 이루었다. 따라서 문학텍스트의 관찰에서는 (인용, 몽타주 테크닉 등에 근거한) "상호텍스트성"의 주제가 그 핵심이 되었다. 텍스트상호성의 주제는 특히 지난 세기 1980/90년대, 대중문화를 주도해나간 포스트모던 문학과 더불어 문학 연구 및 강의에서 적극적으로 다루어졌으며, 영상 매체가 지배적인 이 시기에는 상호매체성의 테마가 부각되었다.

자 기억력electronic memory으로의 전환은 5만 년에 이르는 언어의 역사, 5000년에 이르는 문자의 역사, 500년이 지난 인쇄문화의 역사, 100년이 지난 영화 역사의 끝에서 겪고 있는 그 어느 시기보다 인류의 새로운 커뮤니케이션의 상황이다. 맥루한이 주장한 상호 네트워크에 기반한 글로벌한 지구촌 개념은 초연결 사회라는 화두를 통해서 완결되어 가는 듯하다. 더군다나 다양한 문화적 이미지가 시·공간적 한계를 넘어서는 강력한 재혼합의 산물인 뉴미디어와 그 사회적 부산물들은 궁극적으로 그 재혼합의 기제를 다루는 창조적 개인의 손에 달려있다(Mahne 2007, 15).

초연결 사회의 도래는 디지털 미디어의 혁신 덕분이다. 디지털 미디어는 다른 플랫폼과의 호환이 용이하고, 네트워크 형성이 쉬워 원격접속에 의한 미디어 활용성을 높이기도 하며, 정보의 저장 및 유통, 복원 등을 효과적으로 처리할 수 있다. 이러한 시대사적 배경 하에서 보자면 여러 미디어 플랫폼을 통해 '하나'로 이해될 수 있는 이야기를 전달하고 이를 미디어적으로 경험하는 현상을 지칭하는 트랜스미디어 스토리텔링transmedia storytelling(Jenkins 2006, 참조)은 이러한 초연결 사회가 낳은 디지털 컨버전스 시대의 텍스트 유통양식이자 미디어 경험 양식으로 주장되어진다 할 것이다. 또한 데이터를 생산·저장·전송·복제·복원할 때 데이터의 손상이 거의 없으며, 전송속도나 수행능력은 과거 시스템과 견줄 수 없을 정도로 발전하였다(Creeber/Martin 2008, 참조). 초연결 사회에서는 전반적으로 인간과 인간을 둘러싼 환경적 요소들이 상호 연결되어 시공간의 제약이 극복되어 새로운 가치 창출이 증대될 것이라 기대된다. 그러나 초연결 사회에서 사적 영역과 공공 영역의 구분은 없다.[3] SNS와 스마트 폰과 위치 추적 등을 통해서 사적인 영역은 자발적이던지 비자발적이든지 최소한 가상적인, 공적인 공간에서 그 내면의 모습들을 더 이상 감출 수 없다.[4] 더욱이 다음과 같은 질문은 피할 수 없다. 사이버 공간과 현실과의 상호작용은 자연성과 인공성의 반성적 논의를 치환시켜 이야기되어 질 수 있을까? '매개된' 현실은 단순히 현실을 표상하는 것뿐만이 아니라, 현실을 대체한다. 이미 벤야민은 기술

---

3 초연결 시대는 개인에게 홀로 있는 시간 혹은 혼자 고립되어 있는 순간을 많이 허용하지는 않을 것이다. 인터넷 공간에서의 개인정보 및 프라이버시 노출의 문제뿐만 아니라, 스스로 인터넷에 접속하지 않는 순간에도 한 개인의 활동 내역이 고스란히 기록되는 시대가 초연결 시대이기 때문이다. 이러한 환경은 클라우드 컴퓨팅과 초고속인터넷의 발전 수준에 따라 더욱 심화될 것이며, 빅데이터의 활용이 본격화되면 더욱 정확하고 체계적으로 개개인의 특성을 파악해 활용할 수 있게 될 것이다. 이러한 사회에서 자아는 어떻게 인식되고, 표출될 것인가 하는 문제의식이 대두된다. 최근 논의되는 '디지털 자아'는 디지털 시대에 있어 '나는 누구인가'에 대한 답을 추구하는 의미의 자아만이 아니다. 주로 디지털 마케팅과 관련하여 '디지털 자아'라는 표현을 접하게 되는데, 이때 디지털 자아란 바로 초연결 사회에서 제3자가 제공한 정보에 의해 재구성된 '자아'를 지칭하고 있다. 디지털 마케팅에서 통용되는 '디지털 자아'는 개개인이 다양한 디지털미디어를 활용하면서 남긴 개인정보나, 활동정보를 통합·분석해 제3자가 제시한 '나는 누구인가'에 대한 답인 셈이다. 이 글에서는 이러한 논의를 포괄하여 인문학의 영역에서 개인의 정체성과 연관하여, 디지털한 시대상황이 낳은 '자아'개념에 집중하고자 한다.

4 인터넷의 등장과 함께 가상공간이라는 새로운 활동공간이 생겼다. 초기의 가상공간은 현실공간과 완전히 분리된 공간이었다. 특히 컴퓨터를 매개로 활동하는 공간으로 현실공간에서의 '육체'라는 제약을 벗어날 수 있는 공간이기도 했다. 이후 온라인 커뮤니티를 통한 모임이 활발해지고 오프라인의 관계가 온라인으로 확장되면서, 즉 가상공간과 현실공간 간에 교류가 활발해지면서 사람들이 자신을 소개하고 알리는 데 어느 정도 현실공간의 정체성을 반영해야 할 필요성이 생기게 되었다. 모바일 기기와 소셜 미디어 등으로 항상 누군가와 연결되어 있는 지금은 현실공간과 가상공간 간에 경계가 거의 사라졌다는 인식이 높아지고 있다. 다시 말해, 이제 가상공간은 더 이상 현실공간과 비교되는 또다른 세계가 아니라 현실공간의 하나가 된 것이다. 즉, 가상공간에서 일어난 모든 일이 실재 세계와 연결되어 영향을 주고받는 융합의 단계에 들어선 것이다. 마치 꿈과 실재의 혹은 상상력과 현실의 상호작용에 비견할만한, 온라인과 오프라인의 경계가 사라진 채 가상공간의 자아와 현실공간의 자아가 서로 영향을 주고받는, 새로운 특징의 융합정체성이 이야기되어진다.

적 복제 앞에 놓인 저자의 기능과 위치에 대한 논지의 출발점을 자리매김한 바 있다. 벤야민의 '아우라'는 저자라는 인물이 작품 속에 아날로그적으로 확장된 것이라 할 수 있다. 전통적인 작품의 가치는 저자의 창조적 천재성을 아날로그적으로 각인한 데서 발생한다. 이러한 아날로그 작가성Autorschaft은 이젠 전자적으로 매개된 커뮤니케이션의 단계에서, 즉 초연결 사회의 문학 현실에서는 '현실'과 이중적인 관계를 견지하게 된다. 사적인 영역은 자발적이던지 비자발적이든지 최소한 가상적인, 공적인 공간에서 그 내면의 모습들을 더 이상 감출 수 없다(Benjamin 1991, 495). 이 지점이 본 논문의 문제의식을 포괄하는 곳이라 할 것이다. 초연결 사회라는 담론이 절대적인 현실에서는 신화와 계몽의 변증법에서 이야기되는 '탈(脫)신화화된'(Habermas 1983, 414) 현실인식이 더 이상 유효하지 못한 것일까? 주지하다시피 고전적인 서사의 중심이 상실되어짐과 동시에 우리는 주관성의 객관화 과정을 보았으며, 이는 픽션의 발흥을 낳은 역사철학적 배경이 되었다. 주·객관 세계의 분리와 '세계상의 탈중심화'의 과정은 전래의 세계를 시간화 시키는 데 성공한 바 있다. 그러나 '탈신화화된 현실인식' 또는 '공적영역이 사유화되었던' 근대이래로의 세계상이 초연결 사회 담론에서는 뒤바뀐 것이다. *'사적영역의 공유화'로 이야기되어지는 디지털 '자아'의 자의식*이 낳은 서사의 *'새로운'* 조건들 – 재매개, 상호매체성, 트랜스미디어 스토리텔링, 디지털 에크프라시스 등 – 이 이야기되어진다. 공간성의 시간화뿐 아니라 시간의 탈공간화가 가능할 수 있을 것인가 하는 문제를 논구하기 위해서 이 글에서는 작가성의 문제와 매체사적 논의들을 그 역사철학적 전제에서 되짚어 보고 초연결성의 시대가 요구하는 서사의 조건을 읽어내 보고자 한다.

초연결 사회의 디지털 자아와 가상적 공간에 익숙한 세대의 글쓰기 전략으로 트랜스미디어 스토리텔링이 이야기되어진다(Jenkins 2006, 95). 이는 디지털 매체 융합의 시대에 여러 개의 미디어 플랫폼을 통해 하나로 이해되어 질 수 있는 이야기를 전달하고 이를 경험하는 것을 지칭하는 바, 이는 일견 새로운 텍스트 유통의 관습이자 미디어 경험의 양식일 수 있다. 멀티 플랫포밍의 한 형태인 트랜스미디어 스토리텔링은 개별 이야기들이 모여 하나의 전체 이야기를 만들어 내는 것으로 이용자의 경험에 의해 가능하다고 주장 되어진다(이재현 2006, 참조). 트랜스미디어 스토리텔링은 상업주의 팬덤이지만 전통적인 신화 스토리텔링을 부활시킬 수 있는 참여문화현상으로 간주되어진다. 초창기 영화의 발전과 그에 다른 글쓰기 방식의 차이와 작가성의 변화에 대한 관찰이 새로운 매체사적 발전이 야기한 새로운 글쓰기의 시작과 그 아날로그 작가성의 본질에 대한 실례로 작용한다면, 초연결 사회의 트랜스미디어적 특성을 규정지우는 것은 사적영역의 공유화(열린 마음)가 낳은 새로운 매체사적 혁신이라 할 것이다. 일찍이 맥루한은 '두 가지 미디어의 이종교배hybrid, 혹은 만남은, 거기에서 새로운 형태가 탄생하는 진실과 계시의 순간'이며 다른 미디어와의 만남을 통해서 기성 문화에 만연되어 있는 나르시스적 자기도취에서 벗어나 기존의 미디어에 의해 무감각하게 마비된 감각이 자유를 얻어 해방되는 순간이라고 설파한바 있다(맥루한 1997, 92). 그러나 기존의 지배적 미디어가 만들어 놓은 일상적인 마비로부터 해방을 전제로 하는 매체간의 만남에 대한 맥루한의 혼종성 개념은 매체간의 고정된 경계 지움을 전제하고 있어 보인다. '핫' 미디어와 '쿨' 미디어와의 구분에 대한 다양한 논의의 스펙트럼은 논외로 하더라도, 맥루한은 '미디어'라는 개념을 매우 확장하여 사용한 것으로 유명하다. 인쇄술의 발명과 서적의 출간은 구전문화시대와 문자문어시대를 융합하는 활자문화의 시대라고 할 수 있는 근대의 세계와 그에 따른 소위 활자문화 중심의 시각적 세계관을 낳았다. 또한 단일 감각의 '정세도'의 높고 낮음에 따라 '핫' 미디어와 '쿨' 미디어로 나눈 맥루한의 규정에 따르자면 인쇄문화는 핫 미디어이지만 전기문화의 총화인 전화는 쿨 미디어였다. 그러나 영상을 전달하는 두 매체인 영화와 텔레비전에 있어서 영화는 '핫'하지만 텔레비전을 '쿨'하다고 규정한 맥루한의 논지에 대해서는 디지털 시대를 살아가는 우리는 다른 견해를 제시할 수 있을 것이다. 물론 맥루한은 작가와 영화감독이 하는 일이 독자나 관객을 하나의 세계, 즉 독자나 관객의 자신의 실제 세계로부터 또 하나의 다른 세계, 즉 인쇄와 필름에 의해서 만들어지는 새로운 세계로 옮겨 놓는다는 점에서 공통점을 지니고 있고, 아마도 그런 이유에서 활자의 인간이 '기꺼이' 필름을 받아 들였다고 적고 있다. 이러한 점이 초기 시네마토그래피 이래로의 영화의 발전사에서 문학과의 상호작용성이 이야기되어 지는 이유인 듯하다. 이러한 문제의식에서 보자면 기존의 여러 예술 장르를 포괄하는 종합예술로서의 영화의 매체사적 특수성을 이야기하기 위해서 최근 상호매체성이라는 용어를 선호하는 이유도 자명하다 할 것이다. 장르규정적인 매체사적 특수성에 대한 관심은 오랜 역사적 전통을 지닌다.

일찍이 니체Friedrich Nietzsche의 문제의식은 고대 그리스의 (비극적) '드라마'의 탄생과 그 '사멸'에 대한 것이다. 후에 발터 벤야민, 한스 가다머, 폴 드 만 등에게서 드러나고, 프랑스의 상징주의자들에게 많은 영향을 끼친 니체 철학의 근간은 '음악적인 것의 운명'에 대한 논구이며, 이는 이론가들뿐만 아니라 슈테판 게오르게 서클이나 토마스 만 등에 영향을 미치고, 그의 예술가 형이상학은 시인 고트프리트 벤에게서 상당한 반향을 얻은 바 있다. 니체에게서 고대 그리스 드라마의 죽음은 문학과 이론이라는 유럽문화현상의 고유성을 부각시킨 세계사적 전환점이라고 파악된다. 니체가 이 '비극의 탄생'이라는 저작을 통해서 제시한 이론적 틀은 이제껏 서구의 문자텍스트에 기반 한 독서전통을 뒤흔들어 놓은 것이다.[5] 니체는 비극의 탄생에서 예술을 형성하는 2개의 상호 모순적인 기본충동, 즉 아폴론적인 성향과 디오니소스적인 성향의 강조를 통해－의고전주의의 '소박문학이념'에 맞서고자하는 의도로－고전적 형식의 엄격성과 명백함을 지닌 그리스 문화를 이와 상반된 경향들에 대한 '승리'라고 이해하고자 한다. "암울한 심연에서 성장한 아폴론적 문화의 개화"가 그 조형적 수단과 형상성에 힘입어 "음악의 정신"을 복종시켰다는 것이다. 그리스예술의 긴장감 넘치는 기본구조는 우선 호머의 서사시에 각인되어 있고, 가장 첨예한 아폴론적 요소와 디오니소스적 요소의 대립은 그리스 비극에서 잘 드러난다. 음악과 이미지, 즉 그리스 비극에서의 합창과 장면의 구조는 전환적, 음악적 격동 속에서 형상성을 담보한다는 것이다. 이러한 논구의 중심에는 고대에는 음악가와 시인이 동일시되었다는 언어관, 즉 선율Melos이 기호의 근원

5 이점에서 그의 저작은 현대의 문화·문학이론에서 소위 서구 중심주의적 사고비판과 문자문화/구어문화의 문제성의 주요한 단초를 제공한다.

형상이자 형성근원이라는 사고가 자리잡고 있다. 이에 니체는 비극의 근원은 합창이고, 플롯(줄거리)은 2차적인 것일 뿐이라고 한다. 드라마의 본질은 마치 오페라의 본질이 리브레토가 아닌 그 음악성에 놓여있듯이, 드라마의 대사에 놓여있는 것이 아니라는 것이다. 이런 식으로 보자면 드라마 역시 일차적으로 서정적인 사건이라는 것이다. 니체가 이런 식의 장르분석을 통해서 말하고자 하는 바는, 그러한 장르의 변천을 유도한 시대적 토대의 변화에 대한 주목이다. 특히 BC 400년 경부터 도래한 소크라테스 철학은 무엇보다 니체에게는 '이론적' 인간의 도래를 의미하는 것이었다. 이는 이제까지의 예술의 근본 충동이었던 디오니스적인 것에 대한 등 돌림을 의미한다는 것이다. 이제부터는 예술은 전적으로 표현적인 성격과 기호적인 성격에만 의지하게 되어버렸다. 소크라테스와 오이리피데스로 대변되어지는 이런 전환은 철학과 서사적 언어Logos가 이제껏 '음악'이 차지했던 자리를 뺏는다는 것을 의미한다. 드라마에는 이제 읽을 수 있는 스토리(플롯)가, 신화에서는 이야기내용récit이 중심이 되고, 관람 대신에 판단과 독서가 더 우선시되어지는 결과를 낳는다. 더 나아가 이제 문체, 비평, 문학이론이 갈라져 나옴으로써, 주체와 그 주체의 미적 경험이 성찰의 대상이 되어버린다. 니체는 바그너의 오페라에서 경험의 위기를 극복하고 새로운 비극의 재탄생으로까지 나아갈 희망을 보았고, 바그너의 오페라에서 소크라테스주의적 철학에 기반 한 현대의 문화에 대항할 수 있는 "신화를 탄생시킬 수 있는 음악의 능력"을 보았다는 점은 잘 알려진 사건이다.

오늘날 우리가 자주 듣는 '탈공간화', '무장소성', '공간의 종말'과 같은 개념들은 초연결 사회 담론의 기본 화두와 일맥상통한다 할 것이다. 그럼에도 이는 결코 인터넷 시대와 함께 시작되어진 개념들이 아니라, 인터넷 시대 이전에 이미 존재했었다. 이는 마치 소위 포스트모던한 이론, 포스트 모던한 글쓰기 방식, 그 사유방식이 이미 그 이전에 존재했었다는 논의와 마찬가지로, 서로 모순적인 시간개념의 병렬적 공존 가능성을 이야기해야 하는 것과 같다 할 것이다. 푸코의 표현대로 우리는 동시성의 시대, 병렬의 시대에 살고 있다. 가까움과 멂, 나란히 함과 서로 분열됨이 한 시대에 살고 있다는 생각은, 사물들의 질서가 시간적인 순차성이 아니라, 공간적인 병존성에 의존하고 있다는 생각을 하게 만든다. 지구화라는 현대의 담론은 근대 이래 우위에 놓여 있던 시간의 문제가 공간의 문제로 대체되는 것을 이야기하는 셈이다. 이러한 논의의 전개는 문예이론의 경우에서도 새로운 '공간성'을 염두에 두어야 하며, '상호작용적 픽션'의 가능성이 열려있는 '서사의 공간'에서 행해지는 초연결 사회의 문학적 글쓰기에서 삶의 연관성을 여전히 추구해야 하는 것을 역설적으로 보여준다.[6] 이점이 초연결 사회의 화두인 시공간의 경계의 확장과 열린 마음을 통한 사적 영역의 공유화와 이에 따른 융합 문화Convergence Culture를 주창하는 전제가 되며, 여기에서 트랜스미디어 스토리텔링의 이상적인 형식은 '각각의 미디어가 최선의 그 무엇을 하게 되는 경우'(Jenkins 2006, 96)라고 여겨지는 이유 역시 찾아질 수 있다.

6 '주관성의 객관화'가 '객관성의 주관화' 또는 사적영역의 침탈로 이어지는 디지털 시대에 있어 출발점으로부터 멀리 벗어난다는 것은 공간적으로나 시간적으로나 별 무의미 해 보인다. 우리는 이와 유사한 단절의 시기를 르네상스라 부르는 시기의 회화사에서 찾아볼 수 있다. 이시기에 우리는 뒤러의 자화상으로 대변되어지듯이 신(神)적인 것이 점차 인간화됨을

디지털문화가 지닌 공감각적인 종합 예술적 특성과 디지털문화의 혼재적 성격은 뉴미디어시대의 새로운 인문학의 정립에 많은 시사점을 지닌다. 일례로 새로운 커뮤니케이션적 상황에 유래한 새로운 모습의 문화산업과 인문학의 유기적인 상호보완 작업을 들 수 있다. 무엇보다도 오늘날 우리는 뉴미디어 혁명의 한 가운데에 서 있다. 14세기의 인쇄활자나 19세기의 사진 기술이 당대의 사회와 문화에 혁명적인 충격을 주었던 반면에 현대의 모든 문화는 컴퓨터와 인터넷과 같은 디지털 통신기기를 매체로 하는 생산, 배포, 의사소통의 형태로 바뀌었다. 인문학은 궁극적으로 현대사회가 그 자신의 정체성에 대한 지식을 학문의 형태로 유지할 수 있는 장소일 것이다. 작금의 문화연구의 중심에는 구텐베르크 시대로부터 빌 게이츠에 이르기까지의 매체 변천 속에서의 '텍스트 이해', 또한 현재의 미디어사회에 이르기까지의 수많은 변화로 인한 '문학텍스트의 위상' 변화에 대한 인식 및 텍스트-이미지-뉴미디어의 상호연관성 속에서의 '텍스트 기능'에 대한 이해가 저변에 놓여 있다.

초연결 사회의 가상공간을 대변하는 인터넷은 탈중심화된 커뮤니케이션의 체계이다. 마치 리좀 미로와 같은 인터넷의 메시지 전달

보게 되고, 인간이 신격화되어 지는 과정이 뒤따른다. 그럼에도 이러한 개인의 발견이 주관의 자의성으로 환원된, 타인들과 고립된 개인의 승리를 의미하는 것이 아니라는 점에 주목해야 한다. 르네상스기의 이 화가들은 항상 동일한 사고방식과 해석의 코드를 공유하고 있을 뿐 아니라, 모두 여전히 기독교의 교리 테두리 안에 있었고 어떤 대상과 몸짓의 규범적 의미를 잊지 않고 있었다. 더욱이 그들은 모든 사람들에게 보이고 그림에 의해 재현되는 공동체와 관계를 맺고 있었다. 그들의 인본주의는 결코 개인주의는 아니었던 것이다. 반면에 우리가 현재 직면하고 있는 '가상현실'은 정신을 통해서가 아니라 가상세계에서는 드러나지 않는 가시적 육체를 통해서 자아를 규정하고 있다.

체계는 '포스트 모던한' 문화의 산물이자 글로벌한 시장경제의 총아이다. 인터넷의 기술적 구조가 무비용, 재생산, 정보 유포의 동시성, 그리고 급진적인 탈중심화의 커뮤니케이션을 낳았으며, 인간과 물질, 물질과 비물질간의 새로운 관계체제를 구성하고, 문화와 테크놀로지의 관계를 재구성하여 테크놀로지의 결과물들에 대해서는, 과거의 어떤 담론이 발전시켜온 것들과도 다른 차별성을 보여준다. 인터넷은 더 이상 기술적 산물이나 소통의 도구에만 머물지 않고, 가상성에 대한 논의에서 볼 수 있듯이, 일종의 사회공간과 같이 생각되어질 수 있다. 주지하다 시피 이러한 논지의 핵심은 하버마스에서 도출된 공론장/공적영역res publica/Öffentlichkeit/public sphere의 논의와 연관 지어질 수 있으며, 공론장/공적영역이라는 개념과 함께 "가상공간"인 인터넷은 사회적 의미의 공간성을 확보하게 되는 셈이다. 초연결성에 기반한 뉴미디어 시대의 문화기술은 일상에서 다양한 가상현실을 경험하고 소비하게 만든다. 새로운 미디어 기술이 현실에 대한 우리의 지각과 이해를 변화시킨다는 벤야민의 테제가 아니더라도 이미 오래전부터 시청각 미디어나 전자미디어는 우리네 일상의 일부분이 되었다. 새로운 미디어적 실존 하에서 자신을 자각한다는 것은 기술발전에 의해 새롭게 만들어진 새로운 차원의 실재성, 즉 가상현실을 심층적으로 이해한다는 것을 뜻하게 되었다. 현실은 매개된 현실, 즉 상징의 조건 속에서만 지각 할 수 있기에, 경험 가능한 현실이나 경험된 현실은 언제나 가상현실로 존재한다(Hartmann 2000, 19 참조). 아름다운 가상과 피상적인 향유의 저수지인 인문학의 전통 역시, 현대의 기술 복제적 특성에 근거한 '아우라'의 상실이 낳은 매체사적 기술적 토대에 의해 일정 규정된다. 주지하다시피 '아우라의 상실'이라는 토포스는 기술에 의해서 그리고 기술을 매개로 하여 발생하는 매체사적 변화를 이야기하는 것이며, 아우라를 '공간과 시간'의 짜임(직물)으로 이해하는 한에 있어서 이는 미적 범주로서, 선험적 주관성의 일부로 이해될 수 있을 것이다. '탈마법화되고 이성적인' 계몽의 시대에 있어서 기술은 실재를 보다 더 잘 제어하기 위하여 감각의 확장으로서의 매체기술을 사용하고, 매체 기술의 복제적 성격이 가상성의 기초를 이루게 된다. 가상성은 계몽의 주창자들의 의도와는 달리 현실의 안정성을 뿌리 채 흔들어 놓았다. 코드화 되지 않는 현실경험이 가능한 '진정한 현실wirkliche Wirklichkeit'은 결코 존재한 적이 없으며, 모든 현실은 상징적으로 매개되며, 모든 현실은 원래 '가상적으로virtuell' 지각된다. 우리가 접하는 가상현실들은 항시 현실을 기술적으로 복제하고자 시도하였던 서구의 문화·매체사적 전통을 이어가고 있는 셈이다. 가상공간은 컴퓨터 인터페이스나 전자매체가 낳은 새로운 모습 이상이며, 버츄얼한 환경과 모사된 세계로 이뤄진 가상공간은 우리의 현실감각을 시험하기 위한 '형이상학적 실험실'이 되었다(Heim 1993, 83). 가상현실은 게시판과 채팅방, 인터넷 카페, 이메일, 웹사이트, 페이스북, 카카오톡 등과 같은 다양한 인터넷상의 커뮤니케이션 장치들 뿐 만 아니라 육체적 현존을 넘어서 공동체적 특성을 야기하는 공간 개념으로 확대되었다. 그러나 실제로 현실을 매개하는 이차적 세계로서의 가상현실은 뉴미디어의 문화 기술적 커뮤니케이션에 의해서 처음 만들어진 것이 아니다. 더군다나 현재의 '공지성의 변형Transformation von Publizität', 즉 사회적 커뮤니케이션 관계의 패러다임 변화는 일상에서 일어난 '영상적 전환Pictorial Turn'(밋첼)과 '코뮤니오콜로기적'(플루서) 미디어

상황을 직면하고 있다. 주지하다시피 인터넷의 시대에 있어 매체는 더 이상 인간 감각의 의족적 확장(맥루한)만을 의미하지 않고, 새로운 공지성의 형성과 공론장의 확립을 가능하게 하는 질서원리의 메타포로 작용한다. 초연결 사회의 매체는 단순히 '확장된 마음'을 넘어서는 '열린 마음'을 지향하고 있다. 세계문학사에서 보자면, 처음 소설이 만들어 낸 내면의 친밀한 공간은 컴퓨터에 의해 만들어진 몰입환경과 마찬가지로 매우 가상적인 현실이라 할 것이다. 가령 장편소설은 경험보다 더 실재적이고, 픽션은 사실보다 더 진실한 까닭에 문학의 한 분과를 이제껏 유지하고 있는 셈이다. 또한 인문학은 궁극적으로 현대사회가 그 자신의 정체성에 대한 지식을 학문의 형태로 유지할 수 있는 장소일 것이다.

작금의 문화연구의 중심에는 구텐베르크 시대로부터 인쇄문화가 낳은 이성중심주의에 대한 비판의식이 놓여 있다. 더구나 현대인의 삶이 지닌 정체성 위기에 덧붙여 21세기의 멀티미디어적 통신환경은 '주관성의 객관화'를 이야기하거나, 서사의 중심을 이야기하기 더욱 어렵게 한다. 가상현실은, 프레드릭 제임슨의 용어에 따르자면, 문화적 우세종으로서의 시뮬라시옹(보드리야르)과 같다고 주장되어지기도 한다. 보드리야르에게는 현대문화의 규범 그 자체이기도 한 스크린 문화는 현실이 아닌 환상만을 보여주는 하이퍼리얼한 인식만이 현실을 대체하고 있다. 우리가 만약 가상현실을 개인의 몰입을 야기 시키는, 컴퓨터가 만들어낸 공간으로만 인식한다면 소설이 독자에게 만들어주는 몰입의 공간 역시 가상공간이라고 이야기해야 하지 않을까? 그러나 소설을 읽는 독자가 경험하는 이야기 속으로의 몰입되면서 만들어지는 공간은 작가의 의도에 의해 만들어진 플롯들과의 상호작용을 통해 독자 내면의 공간인 반면에, 우리가 가상현실이라고 불러야 하는 새로운 공간은 고정된 텍스트를 읽은 행위와는 뚜렷이 구별된다(Ryan 1994, 참조). 가상공간은 참여자들에게 경험을 통해서 세계의 구성에 적극적으로 참여하도록 요구한다.

마음의 외화는 마음의 확장(사적영역의 확장)을 가져오지만, 역설적으로 이로 인해 개인의 (고유한) 내면/사적 영역은 축소된다. 사적인 개인의 기억이 정보화되어 컴퓨터에 저장될 경우, 타인에게 개방되거나 공개될 수 있기 때문이다. 스마트폰으로 확장된 마음은 분실되거나 타인의 손에 넘어 갈 수도 있으며, 타인이 그것을 공유할 수도 있다는 것이다. 나의 정체성을 구성하는 기억이 나의 통제를 벗어나게 된다고 보아야 할지도 모른다. 이러한 의미에서 우리는 사적인 기억에 근거한 자아 정체성의 토대를 상실했다고 볼 수 있다. 네트워크에 연결된 인간은 자신의 기억과 생각들을 컴퓨터에 저장하고 전송함으로써 기억을 외화하고, 점차 자신의 고유한 정체성을 내주게 된다. 심지어 기억이 외화 됨으로써 이를 타자에게 노출하거나, 잃어버리거나, 조작당할 수 있게 된 것이다. 이점이 이제 우리가 '사적영역의 공유화'가 낳은 서사의 '새로운' 조건들에 대해서 진지하게 이야기해 보아야 하는 이유가 아닐지 싶다.

1

삶의 위기와 형식

1 위기의 문헌학과 시적 자아의 실존

대화형 인공지능과 빅 데이터의 인간지능에 대한 도전이 현실화되고 있어, 인간의 본성 탐구를 자연과학적 방법론에 의존하고 있다는 것에 대한 우려가 점증되었다(가브리엘 2018, 15). 디스토피아 영화의 시나리오를 연상하게 하는 지난 팬데믹 상황뿐 아니라 글로벌한 디지털 언론에 만연한 페이크 뉴스, 국내외의 정치현실에 실제적인 득표를 가능하게 한 정치 공작, 이미 일상이 되어버린 여러 프로파간다와 다양한 정치 이데올로기들의 만연은 우리 본연의 도덕적 가치관이 발산하는 계몽의 빛을 감추게 하여 우리는 다시금 '어둠의 시대'를 맞이하였다는 주장도 대두된다(Gabriel 2021, 19). 이성의 존재를 부정하였던 포스트모더니즘의 '이데올로기'가 코로나 19 바이러스와 우크라이나의 전쟁으로 인해 '해체'되고, 다시금 이성에 의한 계몽이 요구되어야 하는가? 어둠의 시대를 맞이한 작금의 인류를 다시금 이성의 빛과 도덕적 혜안을 이야기하는 '계몽'의 기치 아래, 우리 안의 어둠을 몰아내고자 하는 인문학자들의 다양한 논의가 현실의 어려움을 짐작케 한다. 수량화와 이성화의 기치 아래서 통계와 빅데이터 만으로는 우리가 누구인지 우리 사회가 어디로 가고 있는

지에 대한 올바른 대답을 얻을 수 없을 것이라는 우려가 이러한 논의의 이면에 자리잡고 있다.

자연 과학적 탐구로는 인간 정신을 올바르게 파악할 수 없다는 생각과 함께 지난 수십 년 동안 신경과학을 통해서 인간 정신을 해명하고자 하는 시도가 많이 이뤄지고 있다. 의식 철학Philosophy of mind은 정신과학/인문학Geisteswissenschaft과 달리 인간의 의식 및 정신 영역을 물질적 대상으로 국한시키는 '자연주의적' 사유를 대변한다. 마음/의식mind과 달리 정신Geist은 '우리 자신을 산출하고 파악하는 활동'이며, 자기공명장치가 보여주는 두뇌 사진을 통해서 파악되어지는 것이 아니다. '나는 뇌가 아니다'라는 도발적인 명제가 보여주는 바와 같이(가브리엘 2018, 68), 우리 인간의 모습을 단지 과학화하고 수치와 '산술적인 이성'으로 계량화하는 것은 문제적이다. 이미 19세기 말에 자연과학에 대립하는 정신과학이라는 용어가 등장하였으며, 자연과학의 '설명'에 반하여 정신과학은 '이해'에 기반한다고 이야기되었다. 정신과학의 방법론으로 대두된 해석학Hermeneutik은 사안을 '이해'하고자 하는 방법론으로 '설명'되었다. 그러나 21세기의 철학자 가브리엘Markus Gabriel은 20세기의 위대한 철학자인 가다머Hans-Georg Gadamer가 『진리와 방법Wahrheit und Methode』을 통해서 주장한, 정신과학은 언어를 다루고, 언어는 이해할 수 있는 존재를 다룬다는 명제에 대해서 다음과 같이 다른 견해를 이야기한다.

> 자연과학들과 정신과학들(곧, 인문학들)을 대립시키면, 정확히 하나의 실재가 있고 그 실재는 실은 오직 자연과학들에 의해 탐구된다는 생각을 암묵적으로 받아들이게 된다. 그렇다면 인문학들은 〈엄

> 격한 과학〉(영어로 hard science)이 담당하는 사건들보다는 실재성이 (모종의 방식으로) 떨어지는 사건들을 다룬다고 여겨지게 된다. 이것은 아주 큰 문제가 있는 생각이다.(가브리엘 2018, 69)

반면에 자신을 산출하고 파악하는, 즉 자기 자신을 실현시키는 과정으로서의 '정신Geist'을 강조하는 독일 관념론의 전통은 작금의 과학화된 인간 이해에 만연한 '낡은 자연과학적 세계상'을 개선할 수 있을 것이라는 믿음을 설파한다. 문학연구의 해석학적 전통에 대한 이해에서 보자면, 더군다나 21세기에 우리가 과연 해석학에 대한 논의를 이야기한다는 것이 어떤 의미가 있을지에 대한 논의를 뛰어넘어, 문헌학의 위기에 대한 논의를 발전시켜야 할 것이다. 인간의 본질에 대한 연구가 뇌에 대한 연구로만 환원되어서는 인간 본성의 실체에 다가가는 데 실패할 것이다. 단지 뇌에 대한 연구만을 인지적 과학의 본성으로 이해하는 작금의 시류는 마치 『리바이어던』의 표지에 나타난 예외상황의 이미지가 제국주의의 이데올로기를 재현하고 그 이미지의 위력이 현실정치를 지배하였던 역사적 사건에 비견할 만하다. 페스트가 야기한 인류사의 위기는 그 바이러스가 야기한 '죽음'의 행렬을 넘어 중세의 문화를 넘어서 새로운 '탄생'을 야기하였다. 작금의 코로나 위기 역시 단지 '방역'과 '비대면', '자가 격리'의 팩트적 현실을 넘어서 새로운 미래를 지향하는 새로운 가치관의 탄생이 예고된다. 마치 페스트의 위기 속에서 속세에 대한 무한한 절망감이 새로운 소설 장르를 꽃 피웠고, 다시금 제1차 세계 대전의 전운이 감도는 유럽 문명의 위기의 순간에 구원의 반딧불을 도스토예프스키의 문학에서 읽어내고자 했던 청년 루카치가 데카메론적 상황에 관심을 가졌듯이, 절망을 희망의 언어로 승화시키는 것은 인간 의식의 위대함이며 행복이다. 절망이 결코 희망의 반대말이 아니라는 사실은 인류의 역사는 여러 차례 보여주었다. 그럼에도 '*사적영역의 공유화*'가 낳은 서사의 '*새로운*' 조건들에 대해서 진지하게 고민해야 한다.

우리의 인문학과 문헌학의 미래에 대한 논의 역시 이러한 문제의식에서 논의의 시초를 찾아야 한다. 초연결 사회의 인공지능과 제반 디지털기술은 우리의 모습을 단지 과학화하고 수치화하여 재현되는 이미지를 재생산하는 데 그 필요성이 있는 것이 아니라 그로 인해 야기될 우리 인식과 인지능력의 발전에 관한 문제의식을 구체화하는 것이다.

전통적인 문헌학의 붕괴를 바라보고 있던 페터 쫀디Peter Szondi는 1967/68년 겨울학기 베를린 자유대학의 비교문학과 AVL에서 해석학에 대한 강의를 시작한다(Szondi 1975, 11). '68이라는 역사적 시간이 잉태한 모호함 속에 상징화된 학내외 상황에 의해서 후반부에 계획되었던 딜타이와 벤야민, 그리고 가다머에 이르는 당대의 해석학 전통에 대한 강의는 속계 되지 못하였다. 다만 클라데니우스에서 슐라이어마흐에 이르는 초반부의 강의내용은 다행히 강의록의 형태로 우리에게 전해진다. 자칫 수사학적인 논의에 묻혀버릴 수 있었을 해석학의 논의에 역사성을 부여하고 다시금 사회적 맥락 하에서의 의미연관을 보여주고자 함은 문헌학의 붕괴를 목도에 둔 데카메론적 상황을 벗어나고자 하는 열망의 표현이었다. 그러나 할렌제의 적막함이 시대의 절박함을 잠재우고, 다시금 한 시절이 지나고 베를린 장벽은 무너졌으며, 언젠가부터 여론이라는 말 보다는 빅 데이터라는 말이 뭇 사람들의 의식을 대변한다. 근대이래로 찾고자 했던 하늘에 떠있는 별을 향해 인공위성을 쏘아대는 시대가 되었으며, 판타지와 버츄얼리티가 잊고 있던 총체성을 대체하고, 알고리즘과 코딩이 사춘기 청춘들에게서 『데미안』을 뺏어간 지 이미 오래다. 문학이란 말보다는 내러티브와 문화콘텐츠에 더 친밀감을 느끼고, 원형적 사유에 대한 근원적 관심은 일상의 표피적 동질감으로 대체되었다. 그럼에도 사람들은 '자아'를 찾아서 세계 곳곳을 걷고 있으며, 야고보 성인의 발자취를 찾아나서 산티아고 순례 길의 끝에서 보게되는 것이 -지명에도 나타난- 하늘에 떠있을 별을 찾아 나서는 여정임을 깨닫지 못한다. 이제껏 우리는 발터 벤야민의 '기술발전이 인지능력의 변화를 이룬다'는 테제에 대해서 많은 이야기를 한다. 가령 영화의 눈으로 바라보는 세계는 현상학적 시야와는 다르며(Günzel 2007, 93), 매체 기술이 지닌 지표적 특성의 차이를 수차례 논의한 바 있다. 기술발전이 야기한 인지능력의 변화가 디지털 시대의 미디어적 상황을 설명하는데 많은 기여를 하였다면, 문학의 생산과 소비의 관점에서가 아니라, 인간의 문학적 실존의 문제에 대해서 한번 고민을 해야 하는 시점에 다다른 것이 아닌가 싶다. 인간의 글쓰기에 대한 최근의 연구에서 작가들에게 무슨 일을 하는가 하는 질문을 던지는 에피소드가 나온다. 대답은 "글을 써요Ich schreibe"였다는 것이다(Amlinger 2021, 480). 여기에서는 소설을 쓰는지 일기를 쓰던지 그 대상은 상관없이 단지 글을 쓴다는 행위 자체가 우리의 존재 기반이 아닐까 하는 문제의식이 드러난다. 활자문학 이전에 스토리가 존재했었다는 논의와 더불어 이젠 활자화된 서적과 매체화된 여타 문학적 행위 이전에 글쓰기가 있었다는 논의를 염두에 둔다면, 인공지능과 챗GPT의 담대한 도전이 낳을 재현의 패러다임에 대비한 우리 인간의 이미지 창조가 지닌 책임감 역시 강조되어야 할 것이다.

본 연구는 이러한 논의하에서 전개된다. 신자유주의의 가치관에 파산선고를 내리면서 뉴 노멀한 윤리 자본주의의 새로운 모습을 강구하는 서구 지식인들의 노력(가브리엘 2022, 207)에 비추어 보자면, 인문학 및 문학의 영역에서도 이러한 '신 실존주의적' 사고에 부합하는 논지의 발전이 필요하다. 우선 이러한 사상적 배경 하에서 서사의 미래지향적인 발전 가능성을 문헌학과 인식론의 상보적 논지를 통해서 살펴보고자 한다.

2 예외상황의 표상으로서의 문헌학의 자기이해

인공지능과 챗GPT, 더불어 팬테믹이 야기한 인간성의 위기와 더불어 인문학과 문헌학의 미래에 대한 논의는 여기에서 몇 가지 단초를 찾을 수 있다. 우리 인간의 사유와 행동양태를 알고리즘과 수치화로 재현하고 이미지의 복제와 반복적 투사를 통해서 사회적 합의 과정을 조종하는 새로운 공공성의 시대를 살아가는 우리에게 필요한 것은 인지능력의 발전이 낳은 새로운 매체상황 하에서도 유효한 인간 이성에 대한 기대와 바람의 모습이 아닐까 싶다. 새로운 매체상황 하에서 요구되는 새로운 경험공유의 기제가 어떤 모습이어야 할지 우리는 많은 고민을 필요로 한다(Gumbrecht 2003, 20).

이러한 문제의식을 각기 절실하였던 시대의 문헌학에 대한 논의에서 발전 시켜볼 수 있다. 페터 쫀디는 「문헌학적 인식에 관하여」

를 1962년 「노이에 룬드샤우Neue Rundschau」에 처음 기고한 이래 세 차례에 걸쳐서 원고의 제목을 바꾸어가며 게재한다. 특히 1967년 자신의 『횔더린 연구Hölderlin-Studien』에 다시금 「문헌학적 인식에 관한 논고Traktat über philologische Erkenntnis」라는 제목으로 함께 간행한다(Szondi 1967). 이로써 페터 쫀디에게 있어서 문헌학의 인식론적 특성에 대한 질문, 즉 과학적인 방법론의 문학영역에서의 적용문제, 달리 말하여서 문예학Literaturwissenschaft과 문헌학Philologie 사이의 상관성에 질문을 던지는 것은 매우 중요한 사안이라 보아야 할 것이다(Zechner 2021, 828). 언어의 예술로서의 문학에 관한 연구방법론의 입장에서 보자면 쫀디의 문제의식은 현대과학이나 정신과학이라는 이분적인 방법론에 속하지 않고, 언어와 지식의 영역 구분을 넘어서는 인식론적 영역에 대한 논구를 찾고자 하는 시도이다.

텍스트에 기반한 문학에 대한 학문적 논의는 결코 언어와 대상 간의 상관성 문제에서 벗어날 수 없으며, 언어는 그 지표의 근원과 그 인식에서 벗어날 수 없다(Szondi 1978, 265). 쫀디가 이해하는 인식은 종결적인 결과를 상정하는 것이 아니라 지속적인 문제제기와 답변의 과정으로 이해한 것이다. 해석학적 순환을 염두에 둔 표현이지 싶다. 그러나 쫀디의 이 논고에서는 보다 근원적인 학문분과의 핵심적인 문제의식에 천착한다. 쫀디의 논고에서는 무엇보다도 문헌학과 문예학의 경계에 대한 질문을 던진다. 과학Wissenschaft으로서의 문학연구인 문예학Literaturwissenschaft과 문헌학의 방법론적인 차별성이 존재하는가, 혹은 연구의 대상이 다른가에 대한 문제제기가 있을 수 있다. 그리고 문헌학과 문예학의 연구대상과 연구방법론이 차별성 보다는 유사성과 일치하는 바가 더 많다면, 이 문헌학/문예학과 다른 여타 학문분과와의 차별성 문제가 해명되어야 할 것이다. 이러한 연구 분과의 영역에 대한 질문은 우선 문헌학Philologie와 문예학Literaturwissenschaft 사이의 명칭에 대한 해명으로부터 그 해답을 찾을 수 있을 것이다.

쫀디는 이 논고의 첫 문장을 폰타네의 『에피 브리스트』에서 애용되는 '드넓은 영역ein weites Feld'이라는 언어표현을 인용하며 문예학의 인식방법에 대한 질문이 초래할 어려움을 비유적으로 제시하고자 한다(Szondi 1978, 263). 문예학의 인식론적 방법을 규명하는 일은 마치 드넓은 벌판에 경계를 지우고 영역을 구분지우면서 자신의 영역을 공고히 하는 작업이 덧없고 불가한 것처럼 이또한 어려운 일임을 설명하고자 한다. 벌판이 드넓게 아무런 경계 없이 나아간다면, 우리가 다다를 수 없는, 우리가 경계로서a limine 아우를 수 없는 그 넓은 벌판은 결코 우리의 영역이 될 수 없다. 쫀디가 문헌학/문예학의 학문분과의 영역에 대해서 인용하는 『에피 브리스트』의 언어표현은 따라서 브리스트가 사용하는 '넓은 벌판ein weites Feld'이라는 언어표현이 지닌 체념적인 감성과 잘 부합되는 의미연관을 지닌다. 경계가 어디인지에 대해서 잘 모른다는 점뿐 아니라, 도대체 경계가 존재할지에 대해서도 불명료한 상태에서 쫀디의 논구는 시작하는 셈이다.

문예학이 새로운 학문영역, 새로운 넓은 벌판을 열어주고 있는지, 혹은 여타 주변 학문 분과들의 영역 다툼에서 확고한 영역의 경계를 구획하여 자신의 영역에 자리 잡고 있는지에 대한 질문은 「문헌학적 인식에 대하여」라는 제목에서 보여주는 바와 같이 '인식론적인' 문헌학의 존재에 대한 질문으로 대치될 수 있을 것이다. 인식론적 방식으로서의 학문의 방법론에 대한 질문이 관건이 되는 바, 과연 고유한 문학연구의 방법론, 즉 문학연구에 고유한 인식론적 방법론이 가능한가 하는 질문을 쫀디는 추구하고자 한다. 문학영역을 '과학적으로' 인식하고 연구하는 인식론적 방법론이 존재하는가 하는 질문은 현재적 관점에서 보자면, 즉 자연과학적 방법론이 모든 인식론적 방법론을 독식하고 있는 작금의 상황 하에서 보자면, '자연과학의 규범으로 정량화된 인문과학의 모습'(가브리엘 2018, 69)을 극복하고자 하는 시도이다.

쫀디의 문제의식은 우선 문헌학Philologie과 문예학Literaturwissenschaft이라는 독일어 명칭이 보여주는 두 명칭사이의 인식론적 차이에 대한 질문에서 출발한다. 일반적인 의미에서 문헌학과 문예학은 기실 동의어처럼 사용되는 바, 우리가 일반적으로 '문학'이라고 부르는 대상에 대한 연구를 기반하고 있다는 점에서 우리는 문헌학과 문예학을 동의어로 사용하기도 한다. 그러나 문헌학Philologie이 토론에 대한 사랑Philos과 로고스Logos의 결합어이고, 문예학Literaturwissenschaft이 문학Literatur과 과학Wissenschaft의 결합어라는 점에서 보자면 상황은 완전히 달라진다고 할 것이다. 일반적으로 서구어에 있어서 학문분과의 명칭은 가령 인류학을 의미하는 'Anthropologie'에서와 같이 접미사 '-logie'는 학문분과의 특성을 나타내는 접두어 부분에 결합하여서 학문분과의 명칭을 나타내는바, 접두어 부분의 의미하는 바를 통해서 그 학문 분과의 연구 분야를 쉽게 이해할 수 있는 구조이다. 'Biologie', 'Ökologie'와 같은 학문분과의 명칭이 이러한 경우이다. 문학과 과학 혹은 학문을 의미하는 단어의 결합으로 만들어진 문예학, 즉 Literatur+Wissenschaft=Literaturwissenschaft의 언어조합인 반면에, 문헌학의 경우는 토론에 대한 애정을 의미하는 Philo-와 논리적 학문의 접미어인 -logie가 결합되어서 Phillogie라는 단어를 만들어 내었으며, 단어의 원래의 뜻으로 보자면 '사랑의 과학'이 아니라 문학에 대한 학문을 지칭하게 된 것이다. 따라서 문헌학과 문예학은 결코 동의어가 될 수 없으며, 더군다나 문예학의 '과학적' 인식 방법론이 야기하는 문제의식과 문헌학의 문학 방법론은 차별성을 명칭에서부터 잉태하고 있는 것이 아닐까 하는 질문을 던지기에 합당한 역사적 근거가 이로써 제시된 셈이다. 이에 학문분과의 인식론적 방법론의 문제를 통해서 문예학이 다루고 있는 대상으로서의 문학 영역에 대해서 문헌학은 문학을 이루는 언어에 대한 열정을 보여주며 그 논리적인 규명을 추구하는 것이다.

페터 쫀디의 견해를 따르자면, 일반적으로 문헌학과 문예학은 유사한 개념으로 사용되는 바 문학에 대한 인식과 분석을 추구하는 문예학의 방법론적 접근에 비해서, 문헌학은 대상에 대한 천착을 하고 있다. 연구 분과가 아우르는 '드넓은 벌판'에 경계를 지우는 측면이 문헌학의 정의에 부합한 것이 아닌가 싶다. 문헌학은 언어로서의 문학에 대해서 집중한다. 개념화되는 언어의 형상적 특성, 즉 다른 대상과 구분 짓는 경계에 이르는zur Grenze 특성(술어적 특성)과 경계 안에in den Grenzen 머무는 특성(기호적 특성 및 의미론적 특성), 그리고 경계로서의 언어Wort als Grenze(자율성)의 특성을 지닌 언어의 문학적 형상화에 대한 애정을 문헌학은 보여준다. 언어의 경계를 정하는 학문으로서의 문헌학은 학문분과사이의 경계를 나누고자 함이 아니라, 대상과 언어사이의 경계를 의미 안으로 끌어들이거나 혹은 의미의 경계 밖으로 넘어가는 가에 대한 문학적 형상화의 문제에 대해서 고민한다는 것이다.

문예학에서 언급되는 학문적 도구로서의 인식이 의미하는 바가 무엇일까에 대해서 질문을 던지는 것은 쫀디의 관점에서 보자면, 문헌학과 문예학의 공통점 혹은 변별점을 보여주는 핵심적인 문제의식이며, 경계에 대한 학문으로서의 문헌학에 대한 비판적인 계승과 발전을 담보하는 것이기에 매우 중요하다 할 것이다. '인식'이라는 단어에서 쫀디가 읽어내고자 하는 바를 설명하기 위해서 쫀디는 슐라이어마허Friedrich Schleichermacher의 개념을 빌려와서, 인식은 이해Verstehen라고 주장한다. '어떤 언술이나 문헌에 대한 완벽한 이해'라는 슐라이어마허의 개념에 덧붙여서 문예학에서 주장하는 과학적 방법론으로서의 인식은 문헌학에 있어서는 낯선 것이 아닐까하고 쫀디는 의구심을 품는다(Szondi 1978, 263). 대상에 대한 인식을 과학적 방법론의 과제라고 본다면, 과학적으로 인식하는 행위Erkennen가 인식Erkenntnis의 본질임을 전제하는 바, 만일 문학 혹은 인문과학과 자연과학의 인식행위의 방법이 차별적이라면 문예학의 인식방법은 자연과학의 인식방법과 다를 것이라는 것이다. 이런 이유에서 쫀디는 따옴표 속에 인식을 넣어 표현함으로써, 문예학/문헌학에서 이해되는 인식에 대해서 논의를 계속한다. 즉, "인식"은 그 스스로 자명하게 이해될 수 없다.

어떤 대상을 이해하고 인식하기 위해서, 그 대상에 대해 인식하고 이해하는 방법을 전제로 한다. 인식의 개념은 인식하는 방법에 달려있으며, 인식하기와 개념화는 그 경계가 모호하다. 학문의 과제는 이 경계를 극복하는 것이라고 보아야 할 것이며 따라서 인식하기의 인식과 개념화에 대한 개념화가 필요하다 할 것이다.

페터 쫀디가 문예학의 문학연구방법론으로서의 인식에 대한 이해를 위하여 도입한 개념은 이제 '이해'라 할 수 있는 바, 인식과 개념화, 그리고 이제 이해라는 단어는 문예학의 핵심어로 여겨진다. 문헌학의 과제는 이제 더 이상 인식과 그 개념화에 국한되는 것이 아니고 더 나아가서 그 어떤 결론이나 근원적인 원인에 대한 설명을 찾는 것이 아닌, '열린' 논의와 과정으로서의 '이해'가 된다 할 것이다. 이점에서 쫀디는 이론적 해석학에 대한 관심을 표명하여 문예학의 연구방법론을 해석학적 전통에서 찾고자 하는 시도를 이후 하게 된다. 1967/68년 겨울학기에 페터 쫀디는 FU 베를린의 일반문예이론 및 비교문학 학과AVL에서 해석학Hermeneutik 입문 강의를 시작한다(Szondi 1975). 처음 기획하였던 바와는 달리 쫀디의 급작스런 죽음을 낳은 학내외의 여러 상황에 기인하여 처음 계획과는 달리 후반부에 하기로 했던 딜타이와 벤야민, 그리고 가다머에 이르는 당대의 해석학 전통에 대한 강의는 속계 되지 못하였다. 다만 첫 학기에 이뤄진 클라데니우스에서 슐라이어마허에 이르는 강의는 다행히 강의록과 이후 간행된 전집의 일부로 전해진다. 이 강의의 첫 부분에서 쫀디는 해석학 전통이 당대의 문학연구에서 찾아 볼 수 없음을 아쉬워한다(Szondi 1975,11). 문학 해석학die literarische Hermeneutik은 문학 작품의 '의미를 밝히는 일interpretatio'에 관한 이론이지만, 해석학의 존재를 섣불리 말하기 어렵다는 심회를 토로한 것이다. 이러한 생각은 「문헌학적 인식에 관하여」에서도 일맥상통하게 나타나는 바, 인식/개념/이해의 3가지 용어를 통해서 문예학이 시도하는 문학해석의 방법론에 불구하고 쫀디는 성찰이라는 용어를 통해서 자신이 주장하는 문헌학의 방법론이 해석학의 전통을 새로이 정립하고자 하는 것임을 보여준다. 쫀디는 「문헌학적 인식에 관하여」에서 명시적으로 '해석학의 전통에서는 학문에게 그의 연구대상에 대해서 묻는 것이 아니라, 학문 그 자체에 대해서 질문한다'라고 쓰고 있다(Szondi 1978, 264). 해석학의 전통은 학문의 자기 자신에 대한 인식을 전제한다는 것이다.

디지털 기술에 기반한 디지털 재현기술은 우리가 작금의 위기 상황 하에서 경험한 바와 같이 개인의 체험과 집단적 경험 사이의 간극을 없애고자 하며, 앞에서 이야기한 바와 같이 팬데믹 상황이 낳은 전 지구적인 행동통일/동기화를 이루는데 기여한다. 이 새로운 "경험의 빈곤화"는 디지털 예술 형식의 '지표성 위기'(Mitchell 1992: 8)를 낳았다. 이 지표성 위기는 이미지 공간의 진리 연관성을 담보하는 새로운 매체성의 공간적 특성을 동시에 보여준다. 디지털 예술, 가령 디지털 사진이 현실에 대한 객관적인 사실을 보여주고 있다고 믿지만, 디지털 사진이 바로 현실 자체라고 믿지는 않는다. 디지털 사진 혹은 디지털 이미지와 같은 뉴미디어가 그리는 현실에 대한 이미지를 통해서 우리는 현실을 파악하고 심미적 상상력을 발전시킨다. 최근 철학자들의 논의에 따르자면, 인지능력에 대한 연구의 방편으로 뇌의 신경계에 대한 의학적 연구만을 진행하는 것은 인간의 인지능력이 지닌 상징적 특성을 파악하는데 도움이 되지 않는다. '나는 뇌가 아니다Ich ist nicht Gehirn'라는 명제로 이해되는 신 실존주의의 철학에 따르자면, 통계와 수치로만 이해된 팬데믹에 대한 대응과 봉쇄 조치가 예외상황의 윤리적 문제의식으로 귀결되어 설명되듯이, 초연결 사회의 지나치게 밀접한 우리 사회의 이해관계들을 설명하는데 윤리적 판단이 절실하다(Gabriel 2020). 이는 문학의 경우에도 마찬가지이다.

르네상스를 가능하게 한 인쇄술의 발전은 독서의 대중화를 통해서 경험의 내재화 과정을 가능하게 하고, 공공성의 기초를 마련하였다. 이로써 '사유의 질서'가 가능하게 되었으며, 데카메론의 이야기꾼들을 모았던 페스트가 야기한 절망감은 근대 문학의 출발을 낳았다. 기술적 발전이 인간의 인지능력의 발전을 담보하였으며 다시금 예술형식의 발전을 가능하게 하였음을 볼 수 있는 바, 절망은 결코 희망의 반대말이 아니었다. 이제 21세기의 초연결 사회가 유래한 경험의 공유 메커니즘은 새로이 만연한 바이러스가 야기한 비대면의 시대를 살아남을 경험의 공유와 서사를 요구할 것이다.

3 희망의 지표성과 표징

챗GPT로 대변되는 대화형 인공지능의 발전이 인류에게 위협이 된다는 우려가 있다. 새로운 기술발전은 기존의 지식 전달 체계를 잠식하고 있어, 학문 전통의 급격한 변화를 야기할 것이라는 우려가 크다. 인간 중심의 사유가 아니라 새로운 기술 표준과 빅 데이터라고 불리는 새 시대의 인지적 척도가 자본에 의한 지배와 통제를 심화시키고 있는 것이 아닌가 하는 점이 이러한 우려의 배경이다. 자칫 과학만능주의가 단지 인문학의 위기만이 아니라 인류 전체를 위협하고 있는 형국이다. 우리 사회 전반을 몇 년간 멈추게 하였던 코로나 19 바이러스의 영향으로 비대면 사회가 가속화되었기에 인공지능과 빅 데이터에 대한 절대적인 신뢰감이 확대되었다. 반면에 이와 더불어 인간 이성이 알고리즘과 유튜브 속의 스토리텔링에 그 빛을 잃어 버리지 않을까 하는 우려가 '새로운 계몽'을 이야기하는 시점에 이르렀다(Gabriel, Horn, Katsman, Krull, Lippold, Pelluchon, Wenzke 2022, 57: Gabriel 2021, 19). 인공지능에 기반한 초연결 사회라는 담론이 절대적인 현실에서는 신화와 계몽의 변증법에서 이야기되는 '탈신화화된'(Habermas) 현실인식이 더 이상 유효하지 못할 것이다. 주지하다시피 고전적인 서사의 중심이 상실되어짐과 동시에 우리는 주관성의 객관화 과정을 보았으며, 이는 픽션의 발흥을 낳은 역사철학적 배경이 되었다. 주·객관 세계의 분리와 '세계상의 탈중심화'의 과정은 전래의 세계를 시간화 시키는 데 성공한 바 있다. 그러나 '탈신화화된 현실인식' 또는 '공적영역이 사유화되었던' 근대이래로의 세계상이 작금의 디지털 사회 내의 담론에서는 뒤바뀐 것이다. '사적영역의 공유화'로 이야기되어지는 디지털 '자아'의 자의식이 낳은 서사의 '새로운' 조건들 – 재매개, 상호매체성, 트랜스미디어 스토리텔링, 디지털 에크프라시스 등 – 이 이야기되어진다.

탈마법화와 동시에 일어나는 합리화의 과정은 예술의 영역에서도 보여 진다. 이미지와 재현된 세계 사이의 분화는 실재세계와 묘사된 세계의 분화로 보여 진다. 이러한 '세계상의 탈중심화' 즉, 현실과 그 재현 사이의 불일치의 가능성이 대두된다는 점은 근대의 알레고리를 낳은 동기가 된다 할 것이다. 따라서 절망의 표상은 희망의 재현을 결코 방해하지 못한다.

절망은 희망의 반대말이 아니다. 게오르그 루카치Georg Lukács는 자신이 『소설의 이론Die Theorie des Romans』을 집필하게 된 연유를 현실의 거대함에 맞선 어찌할 바 모른 절망감에서 찾는다. 『소설의 이론』의

1962년 간행본의 서문에서 처음 구상한 1914년 여름 이후, 세계 제1차 대전의 발발로 이어진 중부 유럽의 정치적 현실에서 느낀 절망감이 자신의 집필 동기라고 말하고 있다(Lukács 197, 5). 이 서문에서는 당대의 표현주의자들뿐 아니라 사회민주주의자들을 위시한 독일 지식인들 사이에 만연한 전쟁에 대한 열광적인 분위기에 동유럽 출신의 이방인이 느끼는 절망에 대해서 거의 50년이 지난 루카치는 1919년 늦가을 막스 베버의 부인과 나누었던 대화의 한 구절을 이끌어 내며 청년 루카치의 전쟁에 대한 거부와 정신과학적 방법이 지닌 유토피아적 성격에 대해서 스스럼없는 회고를 진행한다. 주지하다시피 제1차 세계대전의 결과에 대한 루카치의 예언은 일정부분 진실이 되었지만, 처음 이 『소설의 이론』을 구상하였던 청년 루카치의 바람과는 다르게, '누가 우리를 서구의 문명으로부터 구해줄 것인가'하는 두려움은 현실이 되었다. 이후 조국 헝가리의 독립과 러시아 혁명, 또 한 번의 세계대전을 경험한 루카치는 1962년의 서문에서 다시금 또다시 절망을 이야기한다.

처음 중부 유럽의 시민사회가 목도한 위기감을 설파하던 『소설의 이론』의 저자는 이제 스탈린이즘의 조급함에 짓이겨진 헝가리 혁명의 꿈에 대한 회한과 베를린 장벽의 건설로 첨예화된 냉전의 거친 소용돌이 속에서 다시금 처음 『소설의 이론』을 쓰게 된 계기를 곰곰이 생각한다. 노년의 루카치가 회상하는 『소설의 이론』의 첫 구상은 다음과 같은 이유에서이다.

> "나는 원래 이 책을 대화형식으로 구상하려했다. 마치 『데카메론』에 나타나는 노벨레의 화자가 흑사병을 피해 그렇게 하듯이, 나는

일단의 젊은이들로 하여금, 주위를 둘러싸고 있는 전쟁에 대한 병적 열광으로부터 한걸음 뒤로 물러나서 자기 본래의 이해를 위한 대화를 나누게 함으로써 그들의 대화를 이 책에서 다루어지고 있는 여러 문제와 이 책에서 제시되고 있는 도스토예프스키적인 세계에 대한 전망으로 서서히 이어지도록 할 예정이었다(Lukács 1971,6)."

청년 루카치는 절망과 위기의 순간을 데카메론적인 세계관을 차용하여 그려보이고 싶었으나, 여의치 않았다는 것이다. 데카메론적 세계관에 기반 한 이미지의 재현을 꿈꾸었다는 것이다. 페스트에 의해서 붕괴된 중세의 총체성이 데카메론의 이야기 형식을 통해서 복원되었다면, 다시금 새로이 근대 질서의 붕괴를 목도한 청년 루카치는 소설의 서사 형식 속에서 구원의 가능성을 찾고자 한다. 말하자면 『소설의 이론』은 '당시의 세계상황에 대한 지속적인 절망감의 분위기 속에서in einer Stimmung der permanenten Verzweiflung über den Weltzustand' 집필되었다(Lukács 1971, 6).

페스트의 창궐과 데카메론, 제1차 세계대전의 위협과 데카메론적 상황에 대한 고민과 『소설의 이론』, 냉전의 첨예화와 노년의 루카치가 생각하는 절망감의 분위기에 대한 회한의 스토리텔링, 이러한 여러 이미지들이 중첩되어서 작금의 코로나 19 바이러스가 낳은 전 지구적 위기 상황과 비교되어 그 절망의 순간들이 묘사될 수 있다.

코로나 19 바이러스가 야기한 전 지구적인 팬데믹은 기존의 세계화 과정에 대한 강한 의심을 품게 하며(Ther 2019; Gabriel 2020;가브리엘 2022), 전 지구적 재앙에 대한 위기감은 우리 인류를 다시금 절망감에 빠지게 하기 충분하다. '초연결 사회hyper-connected society'라는 표제어로 대변되듯이 전 세계적인 분업화를 넘어서 모든 일상을 규정하는 디지털 기술의 발전은 우리 모두를 항시 서로 연결시키고 언제 어디서고 상호 소통하게 한다. 21세기의 인류는 서로 어떤 식으로든지 '접속'하여 '접촉tact'하고 있다. 그러나 코로나 19 바이러스의 확산은 인류에게 서로 물리적인 접촉을 회피하고, '거리두기'와 '비접촉untact' 하기를 강요하였다. 소위 '비대면'이라는 새로운 유행어가 보여주듯이 디지털 기술의 발전이 팬데믹이 야기한 위기 상황을 넘어서는 훌륭한 기술적 혁신으로 추앙되었다. 인터넷에 기반 한 디지털 문화는 단지 경제적인 측면에서뿐만 아니라, '뉴 노멀'의 일상성을 규정지으며, 예술 활동 전반은 매체 기술의 소통 지향성에 기대고 있다(Mitchell 2003, 481-500;Schutte(Hrsg.) 2005, 117-135; Schöttker 2002, 411-433).

근자의 팬데믹은 이제껏 쉼 없이 달려온 인류의 탈마법화의 과정을 멈추게 하였다. 철학자 가브리엘Markus Gabriel은 코로나 19 바이러스의 확산이 인류 역사에서 최초로 전 세계 사람들의 행동을 동기화시켰다고 주장한다(가브리엘 2022, 19). 봉쇄조치의 시기와 방법, 사회적 거리두기와 백신 접촉에 이르는 전 인류의 행동 양태는 그 속도와 범위의 차이는 있을 수 있지만 모두 동기화되었다는 가브리엘의 주장은 우리 인류가 동일한 호모 사피엔스로서 바이러스의 표상에 동일한 반응을 한다는 점을 보여주고자 한 것이다. 그러나 코로나 팬데믹에 대한 인간의 반응은 실제 바이러스가 지닌 성질에 대한 반응이 아니라 바이러스의 표상이 지닌 성질에 대한 반응일 것이다.

가브리엘은 다음과 같이 인류가 바이러스의 표상에 반응하고 있음을 설명한다.

"우리는 바이러스에 대해서 아무것도 하지 않을 수도 있습니다. 그냥 내버려둘 수 있다는 거죠. 이처럼 바이러스를 방치하면 일정한 결과를 불러일으키게 되는데, 그 결과가 마음에 들 수도 있고, 마음에 들지 않을 수도 있습니다. 어느 쪽이든 바이러스가 인간에게 행동을 강제하는 것은 아닙니다. 다시 말하자면, 바이러스에 대한 인간의 반응은 인간성 그 자체가 불러일으키는 것이 아닙니다. 따라서 행동의 동기화에는 사회경제적, 정치적, 심리적인 설명, 그리고 마지막으로 철학적인 설명이 필요합니다."(가브리엘 2022, 22-23)

이미지 1. 『리바이어던』의 표지

심지어 2019년 이전의 세계질서는 더 이상 기대할 수 없어, 작금의 세계상황을 코로나에 의한 생활세계의 식민화, 즉 '코로날리제이션Coronalization'이라는 자조적인 표현을 사용하기도 하는 바, 코로나 팬데믹은 예외상황Ausnahmezustand을 강제화한 사례이다. 칼 슈미트Carl Schmitt와 조르조 아감벤Giorgio Agamben의 예외상황에 대한 이론 뿐 아니라, 홉스Thomas Hobbes의 『리바이어던Leviathan』(1651)은 그 표지 그림(이미지1 참조)이

잘 보여주고 있다시피 록 다운의 이론을 보여주고 있다 할 것이다(가브리엘 2022, 32).

예외적인 상태에서는 국가체제를 위협하는 그 어떤 문제가 행정부의 결정을 좌우하는 상황이 발생하기에, 역설적으로 위기상황은 윤리문제를 가져온다는 것이 철학자들의 견해이다(Gabriel 2020). 소위 '그레이트 리셋'은 세계화의 기본 모델로서 작용하는 신자유주의 모델이 해체되고 있음을 보여주고 있고, 더 나아가서 다음과 같은 견해를 보여준다.

> "세계화의 신자유주의적 해석이 환경을 파괴하고 막대한 피해를 가져왔음을 생각하면, 신자유주의 경제가 만들어낸 부보다 그것이 파괴한 부가 더 컸다고도 할 수 있습니다. 이런 나쁜 경제 모델을 고집할 이유가 어디 있겠습니까. 새로운 경제 모델이 필요합니다. 세계사는 이미 신자유주의를 부정했습니다."(가브리엘 2022, 54)

이러한 관점 하에서 보자면, 홉스의 국가론이 자연 상태에 반하는 법의 지배를 옹호하여, 이 홉스의 정치철학이 영국의 제국주의를 합리화하여 자연을 지배하는 국가권력의 법적 계약이론을 이야기한다면 이는 잘못된 전제하에서, 즉 잘못된 표상 하에서 이야기되어진 것이라고 할 수 있다. 리바이어던의 표상은 잘못된 법의 지배를 낳았으며 결국 자기 모순적인 근대의 자본주의적 제 질서를 낳았다. 리바이던이 표상하는 이미지의 재현은 마치 코로나 19 바이러스가 낳은 생활세계의 코로나적 지배(코로나이제이션)가 함의하는 바와 같은 문제의식을 생각해보게 한다. 반면에 데카메론적 예외상황 하에서도 인류는 결코 절망감에 좌절하지 않았으며, 단테의 신곡 순례에 비견할 만한 세상에 대한 배회와 새로움에 대한 탐구를 통해서 새로운 삶의 도약을 시도하였다. 절망은 희망의 반대말이 아니다. 그러나 최근의 글로벌한 위기상황은 중세 이후 인류가 갈망한 유토피아적 세계관을 디스토피아적 이미지로 대체시켰다. 미래의 밝은 미래에 대한 확신은 이제 다시금 절망적이 되었다(Göpel 2020, 13). 현재적 가치관의 붕괴가 낳은 절망감은 미래지향적인 새로운 세계관에 대한 고민을 잉태한다. 지난 산업 혁명이 낳은 추동력에 근거한 자본주의의 발흥과 이에 함께한 활자문화의 위기를 우리는 비대면의 시대에 철저하게 경험하였다. 활자와의 접촉은 철저히 배제되고, 새로운 매체는 태생적으로 비접촉적이다.

문헌학적 인식을 해명하고자 하는 페터 쫀디의 논구는 역사성이 내재된 언어와 그 언어가 만든 이미지들의 역사성에 대한 탐구/인식이다. 인식하기erkennen란 그림 형제의 독일어 사전에 따르자면, 감성적인 표상과 정신적인 표상이 서로 교차되고, 기억되며, 근원과 지향점에 대해서 처음부터 알아차리는 것이라 보고, 실례로 창세기의 '아담이 자신의 여인네 하와를 알아차리고(인식하고)'와 같은 문장을 제시한다(Grimm 1862, 866). 여기에서 인식이란 마치 아이가 언어를 배우는 과정에서 관찰되는 바와 같이 자명성에 근가하여, 그 어떤 근원과 지향점에 대한 질문과 논구 없이 스스로 알아차리는 인지현상을 의미한다. 이런 관점에서 보자면 문헌학에서 요구되는 인식 능력은 과학적이고 논리적인 인식방법론과는 다르다. 따라서 문헌학에 대한 인식 역시 자명하다고 보아야 할 것이다. 그럼에도 불구하고, 이는 이글의 처음에서 제시된 바와 같이, 자칫 이는 '표상의 규범성을 표상 내에서만 찾고자 한' 문제점이 대두될 수 있다. '문헌학과 미학을 화해시키는'(Szondi 1975, 25) 해석의 이론으로서의 문학 해석학을 주장하고자 하는 쫀디는 이후의 해석학 강의를 통해서 '문자적 의미 sensus litteralis'를 추구하는 문법적 해석과 '정신적 의미 sensus spiritualis'를 찾고자하는 알레고리적(우의적) 해석의 대립에 대해서 이야기한다. 이는 역사화 된 텍스트의 올바른 의미 연관을 읽어내는 데에 있어서, 현재의 관점과 이해양태를 언젠가 그 자체 역사적인 것으로 여기게 될 미래 체계의 관점에서 비판적으로 문제 삼는 것이다. 쫀디가 의도하는 바는 다음의 문장에 잘 나타나 있다. .

> 텍스트의 노화, 즉 텍스트가 이해하기 어려워지고 낙후되는 문제를 서로 상반된 방식으로 해결하고자 한다. 문법적 해석은 과거에 뜻하였던 것을 목표로 하며 이를 보존하기 위해 역사적으로 낯설게 되어버린 언어 표현, 즉 언어학적으로 표현하자면 기호를 새로운 기호로 대치하거나, 주를 통해서 새로운 기호로 설명하게 한다. 반면에 알레고리적(우의적) 해석은 낯설게 된 기호에 착안하여 그것에 새로운 의미를, 텍스트가 생각하는 세계가 아니라 해석자가 생각하는 세계에서 나온 그런 의미를 부여한다. 그렇게 하기 위해 알레고리적(우의적) 해석이 굳이 '문자적 의미'를 문제 거리로 여길 필요가 없는 까닭은 그것이 문자의 여러 가지 의미의 가능성에 기반을 두고 있기 때문이다. 반면에 문법적 해석은 역사적으로 알레고리적(우의적) 해석 보다 앞서 있으며, 그렇기 때문에 일차적으로 그것에 대한 반대 입장이나 비판으로 이해될 것이 아니다(Szondi 1975, 19).

이 인용문에서는 '노화'된 텍스트, 혹은 지나가버린 말씀/전승된 텍스트의 시간적, 역사적 제약이 초래한 해석의 불가해성을 극복하고자하여 미래지향적인 의미연관 관계 하에서 도래할 말씀과의 연관성하에서 알레고리적 독법이 이야기된다. 문헌학의 역사에서는 이 알레고리적 독법은 인쇄술의 발전과 종교개혁이 낳은 텍스트 중심적sola scriptua 사유의 극대화를 통해서 학문연구에서 점차 밀려나서, 로고센트리즘에 기반한 근대 사회는 오래된 텍스트의 한 단어 한 단어가 의미하는 원래의 뜻을 현대어로 '번역'하는 일에 전념한다. 이는 외국어 번역에서도 마찬가지이다. 원래 텍스트가 전달하고자 하는 본질에 대한 관심은 이때 무의미하며, 따라서 사고의 경직성은 당연하다. 문학은 작가가 그리는 이미지가 독자의 내면에서 재생산 가능한 상상력의 공간을 염두에 두고 있다. 이점에서 보자면 초연결 사회의 매체사적 상황 하에서 나타난 '새로운' 가상성에 대한 선험적 이해가 전제되어야 한다.

2

정체성 위기와 재현의 위상학

1 공간의 매개성과 사유의 격리

'격리Quarantine'와 '배회Flanieren'라는 화두는 포스트모던한 현재적 위기상황을 '성찰하는 이미지Denk-Bild/사유이미지Denkbild'로서 충분하다. 주지하다시피 벤야민은 사유이미지로 불리는 짧은 산문들, 가령 에세이, 비평문, 서평, 아포리즘, 도시에 대한 묘사, 인물평 등을 주로 선호하였다(Kramer 2003, 69). 본 연구는 벤야민과 그의 동시대인들이 바라보았던 시대의 위기와 현재 우리가 겪고 있는 위기의 근원이 유사하지 않는가 하는 의구심에서 출발하여 이러한 위기감의 근저에 놓인 인식론적 위기와 그 해결방안으로서의 실천적인 서사의 공간적 전략을 살펴보고자 한다. 무엇보다도 벤야민과 동시대인들에게 가장 큰 흔적을 남긴 경제공황과 연이은 파시즘의 창궐은 모더니즘의 시대적 아픔이었으며 동시에 새로운 형식 실험을 위한 사유의 웅크림이었다. 잘 알려진 바와 같이 이시기의 벤야민은 '열정적인 배회자ein leidenschaftlicher Flaneur'였다(Jäger 2017, 184). 뿐만 아니라 발터 벤야민의 글들에 대두하는 화자들은 마주치는 대도시의 낯선 풍광과 길거리의 대중 사이를 마치 '산책하듯 배회flâner'한다. 더구나 『일방통행』, 『파사쥬』와 같이 지리적인 특성의 글 제목을 보면 쉽게 짐작이 가듯이 벤야민은 공간적인 사유에도 익숙하다(Hartmann 2000; Gumbrecht/Marrian 2003; Schulte 2005). 주지하다시피 『1900년 경 베를린의 유년시절』의 에세이들에도 기억의 공간들이 다양하게 위상학적으로 이야기된다(Schöttke 2003).

사유이미지에 대한 선호가 벤야민의 노마드적 삶이 야기한 것이라는 의견도 있을 수 있으나, 모더니즘의 파편적 현실 인식에 대한 성찰의 결과일 것이다. 이는 산업화가 낳은 대도시의 삶이 야기한 격리적인 파편적인 생활 양태의 미적 형상화와 다름 아니다. 작금의 코로나 19 바이러스의 확산이 야기한 소위 '현대의 흑사병' 위기에 따른 '격리'와 '비대면untact'의 상황이 이후 문학의 현실을 어떻게 바꾸어 놓을 것인가를 예측하기는 쉽지 않다. 다만 이러한 '비대면' 혹은 '거리두기/격리'가 기존의 가치관을 벗어난 새로운 사회적 양상과 그 파급효과를 낳을 것이라는 점은 쉽게 이해할 수 있다. 무엇보다도 중세의 가치관을 벗어나 근대의 새로운 세계로의 '탐험explore'을 야기하였던 '데카메론적 상황'을 다시금 생각하게 한다.[1] 주지하다시피 서구의 문학사에서 위기의 상황이 야기한 '격리'는 중세를 넘어서 근대로 넘어가는 문학적 주체들에게 새로운 도약을 위한 사유의 웅크림이었다. 연속적인 시간과 공간의 인위적인 멈춤은 미래를 위한 '리셋'으로도 이해되었다. 그러나 최근의 글로벌한 위기상

1 루카치의 『소설의 이론』 서문에는 제1차 세계대전의 발발로 야기된 데카메론적 상황에 대한 위기감에서 소설의 이론이 완성되었음을 이야기하고 있다. 본 연구는 단테와 보카치오의 문학적 완성을 낳은 르네상스의 위기와 더불어 20세기 초반 모더니즘의 발흥을 낳게 한 당대의 위기상황에 대한 발테 벤야민을 위시한 이론가들의 매체사적 공간이해가 낳은 인지의 이미지화의 여래 실례들 중의 하나로서 벤야민의 철학적 산책자/배회자 개념을 이해하고자 한다.

황은 포스트 모던한 인식론적 위기에 덧붙여 우리의 미래에 대한 강한 의구심을 불러일으킨다. 이제까지의 경제 시스템은 더 이상 올바르게 작동하지 않고, 중세 이후 인류가 갈망한 유토피아적 세계관을 디스토피아적 이미지가 대체한다. 미래에 대한 확신은 이제 근심과 공포가 되었다(Göpel 2020, 13). 기존의 사고체계가 직면한 현실 상황에 유효한 것인가, 현재의 위기를 극복하는 데 기존의 가치관이 쓸모 있는가 하는 시험을 치러야 하는 시기이다. 경제체제와 교육체계를 포괄하여 현대를 움직이는 기존의 시스템 일반이 250년이 지난 산업혁명의 추동력에 근거한 것이 아닌가 하는 강한 의구심이 일반화되었다. 산업화와 자본주의의 발흥과 함께한 활자문화 전반이 지닌 위기감의 근원을 이해하게 하는 지점이다.[2]

이 단락에서는 이를 벤야민의 사유이미지라는 글쓰기 전략에서 읽어내고자 한다. 문학 텍스트의 성찰적 내용과 시적 형상을 매개하는 '직관적인 인식'의 형상으로서의 사유이미지는 '촉각적 수용'을 매개하는, 사유하는 산책자/배회자 캐릭터를 통해서 설명되어진다. 벤야민이 1929년에 간행된 헤셀의 『베를린의 산책Spazieren in Berlin』에 대한 서평을 같은 해 집필하는 바, 벤야민은 헤셀의 배회자들에게서 관찰자가 아니라 서사가의 모습을 읽어낸다(Hessel 2012; Benjamin 1991c, 194). 이를 위하여 벤야민의 삶에 있어서 가장 위태로웠던 순

2 페스트의 출현과 출판 인쇄술의 발전이 중세의 '원환적' 세계관의 붕괴를 가속시켰고, 그 중세의 폐허 위에 꽃 피웠었던 르네상스의 문화적 성장에 비견할 만한 코로나 이후의 새로운 시대를 우리는 기대해 보아야 할 것 인지, 아니면 단테가 그린 루시퍼의 형상이 그러하듯이 철저히 단절된 인간관계 하에서 냉소적으로 배달 앱 만을 누르고 있을지 본 논문은 그 해답을 찾고자 한다.

간이자 서구 자본주의의 위기의 순간이었던 1929년 가을 벤야민의 주변에서 일어난 삶의 위기 상황에 우선 관심을 가질 필요가 있다. 본 연구에서는 이를 통하여 이 시기 벤야민의 사유이미지로서의 글쓰기에 투영된, '아스팔트를 걷는 발걸음 마다 울려나오는 반향음과 가스 가로등이 빛'이 확산되는diffuse 공간을 배회하는 현대적 화자의 모습을 설명하고자 한다(Benjamin 1991c, 194; Lindner(Hrsg.) 2006, 322). 이미 이 시기에 산업화되고 모던한 도시의 위상학적 지표들은 이제 독자들의 기억 속에서 결부된 인물들과 이야기들을 끄집어는 계기가 된다(Hessel 2012, 290). 내용과 형식의 패러다임을 넘어서는 제3자로 이해되는 사유이미지의 정의에 걸맞게 도시의 대중들 사이를 배회하지만 결코 대중의 무리에 참여하지 않는 배회자는 포스트 모던한 새로운 위기상황이 낳은 격리와 비대면의 시대에도 의미하는 바가 많다. 더구나 디지털시대의 다양한 매체사적 혼종의 시기에 공간적 서사를 해명하는 데 매우 흥미롭다.[3]

21세기를 살아가는 지구인들에게 초연결 사회hyper-connected society라는 표제어는 인터넷과 디지털 기술에 기반 한 글로벌한 경제 협업의 측면에서 뿐만 아니라 우리의 일상을 중층적으로 규정하기에

3 대중들의 무리에 직접 참여하지 않고도 공공성을 획득하고, 직접 사물에 접촉 하지 않고도 그 사안에 대한 올바른 판단을 가능하게 한다는 벤야민의 철학적 산책자/배회자 개념은 마치 인터넷 SNS 상에서 익명성을 기반으로하여 빅데이터를 수집하고 대중의 마음을 사로잡는 인플루엔서의 이미지와 비견할 만하다. 격리와 비대면이 요구되는 작금의 상황 하에서 벤야민의 철학하는 산책자/배회자는 길거리의 수많은 사람들과 직접적으로 접촉하지 않고도 (비대면으로) 이 세상의 이치를 깨우치고, 모든 이들에게 평화롭고 행복을 선사할 아름다움의 이미지를 찾아 나선다. 그의 행보는 작금의 '데카메론적' 상황을 넘어서 미래지향적인 경험의 공유를 지켜나가는데 매우 유효할 것이다.

충분하다. 더구나 현대인의 삶은 디지털 기술을 전제로 하며, 현대의 일상과 예술 활동 전반은 사회적 수용성의 측면 뿐 아니라 또한 인지 공학과 기술에 기반한 소통의 지향성에 근거한다(vgl. Schöttker 2002, 411-433; Schutte(Hrsg.) 2005, 117-135; Mitchell 2003, 481-500). '원환적' 세계관이 붕괴된 데카메론적 상황 하에서, 기존의 가치관을 넘어서는 새로운 세계질서에 대한 향수가 '피구라'로 대변되는 새로운 문학의 지평을 열었다. 이를 가능하게 하였던 것은 인쇄술과 서적의 생산과 보급, 그리고 독서의 기술에 기반 한 소비자/독자층의 등장으로 대변되는 근대적인 미디어 혁명이라 할 것이다. 출판 인쇄술에 따른 경험의 내재화 과정은 공공성에 기반 한 '사유의 질서'를 가능하게 하였으며, 21세기의 초연결 사회로 대변되어지는 내재화된 경험의 공유 메커니즘은 다시금 바이러스가 '창궐하는' 비대면의 시대를 살아남을 '경험/이야기'를 요구할 것이다(vgl. Gumbrecht 2003, 20; 김영룡 2019, 140).

2 삶의 위기와 인식론적 배회

벤야민의 삶에 있어서 분수령이 되었던 사건은 아마도 1929년 10월 24일에 뉴욕의 주식 시장의 붕괴로 시작된 경제 대공황이었을 것이다. 이 시기는 아스야 Asja Lacis와의 결혼을 염두에 둔 채 부인 도라(결혼 전 이름은 Dora Kellner)와의 이혼 소송 중이었으며, 아들 슈테판은 벌써 11세가 되었을 적이다. 그럼에도 빌머스도르프의 뒤셀도르프슈트라세의 아스야의 집에서 쫓겨난 상태였으며, 이혼 절차도, 좋은 아버지의 역할도 모두 여의치 못했다. 도라가 돌보는 어머니는 병환 중이었으며, 글쓰기도 답보 상태였고, 대학에서의 커리어를 꿈꾸기에는 주변의 여건이 그의 소심함을 더욱 부추기고 있었다. 여러 복잡한 심리 상태, 무엇보다도 벤야민은 심한 정서 불안 상태에서 신경쇠약증에 시달리고 있었다. 카프카에 대한 글에 나오는 우울증에 걸린 빠춈킨의 에피소드가 본인의 이야기가 아니었을까 싶다(vgl. Benjamin 1991b, 409). 가정적인 불행, 금전적인 어려움, 의욕은 앞서지만 실천하기 어려웠던 여러 여건들은 이제 벤야민의 남은 생애를 규정 지운다. 이 시기의 벤야민의 삶은 이후 그의 남은 생애를 규정지우는 위기 상황으로 이해될 수 있다(Eiland/Jennings 2014, 314). 당시 복잡한 여성편력, 무엇보다 도라와 아스야 사이에서의 갈등, 베를린과 모스크바 사이의 오락가락하는 마음, 저널리스트의 길과 철학자로서의 소명에 대한 망설임, 유대학자 숄렘과 브레히트 사이에서의 갈림길, 잡지 창간을 할 것인지 『파샤쥬』를 끝마칠 것인지에 대한 망설임은 당대의 모던한 지식인들이 지녔던 위기 상황을 표징적으로 체화하고 있다. 이시기에 벤야민은 열정적인 배회자였으며, 도라와의 이혼을 준비하며 집을 나온 벤야민은 1929년 8월 자신에게 도시의 철학적 산책을 확신시켜준 프란츠 헤셀의 집에 머문다(Jäger 2007, 202).

'검은 금요일'이 세계사에 강한 임팩트를 남긴 1929년 10월 서구 자본주의가 대공황의 늪으로 빠져든 시기에 벤야민은 이제 명실상부한 삶의 위기를 맞이한다. 복잡한 이혼 소송, 떠나간 사랑, 엇나간 희망, 진척 없는 프로젝트 등 수 많은 고뇌와 망설임과 번뇌 속에서 정신적으로 그리고 육체적으로 망가진 벤야민은 쓰러진다. 이제 더 이상 읽을 수도, 말을 할 수도 없고, 당연히 글쓰기는 접어둔 채 요양원에 입원한다. 경제 대공황과 정신적 공황상태가 벤야민의 주변에는 거의 같은 시기에 일어난다. 대공황을 통해서 인류는 자본의 집중이 더 심화되고 파시즘을 용인하는 새로운 위기 상황에 이르게 되고, 더 이상 '하늘에 떠있는 별을 보며 길을 찾던' 그 좋았던 시절로 돌이킬 수 없는, 역사의 새로운 문턱을 넘어서는 바, 이는 벤야민이 이제껏 상상 하지 못했던 그토록 어둡고, 죽음에 이르는 여정의 시작이기도 하였다. 「티어가르텐」에는 이러한 망설임과 좌절의 상태를 다음과 같이 미로에 대한 이야기로 말하고자 한다.

> 어떤 도시에서 길을 잘 모른다는 것은 별일이 아니다. 그러나 마치 숲에서 길을 잃듯이 도시에서 길을 잃는 것은 훈련을 필요로 한다. 헤매는 사람에게 거리의 이름들이 마치 잔가지들이 뚝 부러지는 소리처럼 들려오고, 음푹 패인 산의 분지처럼 시내의 골목들이 그에게 하루의 시간 변화를 분명히 알려줄 정도가 되어야 도시를 헤맨다고 말할 수 있다. 이러한 기술을 나는 늦게 배웠다. 그 기술은 내 공책들 압지 위에 그려진 미로들에서 처음으로 흔적을 남긴 어떤 꿈을 실현 시켜주었다. 아니 그 미로들이 그 꿈의 최초의 흔적은 아니다. 왜냐하면 그 미로들에 앞서 또 다른 미로가 있었고, 그것들보다 더 오래 남았기 때문이다.(Benjamin 1991, 23; 벤야민 2007, 35)

길을 잃지 않게 도와주는 완벽한 지도는 존재하지 않는가? 모든 길 찾기의 시도가 끝나고 여러 번의 실패를 통해서만 지도는 올바른 길을 보여준다. 만일 이 세상을 이 세상의 지도로 사용한다면 우리는 가장 최상의 지도를 만들 수 있을 것이다(김영룡 2014, 121). 길이란 장애가 없는 공간이기도 하고 더불어 거리감의 상징이다. 거리감의 상실이 낳은 소통과 운송수단의 발전은 우리에게 전통적인 길의 의미를 앗아갈지도 모른다. 따라서 우리네 삶의 방향성을 잃지 않기 위해서, 즉 길을 읽어내기 위해서 벤야민은 '길을 잃는 훈련'을 해야 한다. 시간적으로 중첩되고, 공간적으로 재배열되는 벤야민의 인식의 층위들 속에서 유일하게 진리를 향해 '일방통행'으로 이르는 길은 마치 '인간이 무엇인가?'라는 존재론적 질문이 아니라 '우리는 어떻게 살아가야 하는가?'와 같은 인식론적 질문이 되었다. 그러나 잘 알려진 바와 같이 실상 그의 남은 생애는 실존적 고민의 흔적들로 점철된다.

이후 1929년 연말을 벤야민은 홀로 파리의 어느 호텔에서 보내고, 이후 결코 정주하는 삶을 살지 못한다. 『일방통행』을 헌정한, 그리고 그에게 '새로운 길'을 보여준 아스야를 더 이상 보지 못했으며, 그의 『파사쥬』 역시 끝마치지 못한다. 지난한 이혼 소송 끝에 1930년 3월 27일 도라와 법적으로 이혼을 종결 지웠을 때 아스야는 이미 모스크바로 되돌아간 이후였다. 이제 결코 더 이상 히브리어 수업에 참여하지 못했고, 이후 생애의 남은 10년 동안은 파리에서의 '망명'생활을 영위한다. 히틀러의 집권은 독일내의 기고를 더욱 어렵게 한다. 샤로텐부르크의 부르주아 가정에서의 삶에 비해 파리에서의 삶은 너무나 단출하다. 인식론적 고민이 아닌 실존적 고민의 흔적들은 너무나도 많다. 다만 잘 알려진 바와 같이 1940년 9월 26일 밤에서 27일 새벽에 이르는 시간에 월경이 어려워진 벤야민은 자살을 감행한다. 1929년 가을의 신경쇠약과 가정적인 불행, 경제공황이 없었다면, 그해 가을의 위기 상황이 없었다면, 더군다나 그의 연인 아스야와의 헤어짐이 없었다면 벤야민은 그토록 절망에 빠진 10년을 보내지 않았을까? 남겨진 유품이라 할 여행 가방 속에는 시계 하나, 파이프 한 개, 두 벌의 와이셔츠, 엑스레이 사진 한 장, 그리고 「역사의 개념에 관하여」라는 제목으로 씌여진 수기 원고가 전부였다. 「역사철학 테제」라는 이름으로도 유명한 벤야민의 마지막 원고에는 다음과 같이 시간에 대한 에피소드가 적혀 있다.

> 로체에 의하면 인간이 지닌 심성의 가장 두드러진 특징 중의 하나는 개별적인 사물들에 대한 숱한 이기심과 함께 모든 현재가 일반적으로 미래에 대해 아무런 부러움과 선망을 가지고 있지 않는데 있다고 한다. 이러한 성찰을 좀 더 진전시키면, 우리들이 품고 있는 행복의 이미지라는 것은, 우리들 자신의 현재적 삶의 진행과정을 한때 규정하였던 과거의 시간에 의해 채색되고 있다고 할 수 있다. 우리들에게서 선망의 마음을 불러일으킬 수 있는 행복은, 오로지 우리들이 숨 쉬는 공기 속, 그러니까 우리가 한때 말을 나눌 수도 있었던 사람들과 우리들 틈에 안길 수도 있었던 여인들과의 관계 속에서 존재한다. 다른 말로 표현하면 행복의 이미지 속에는 구원의 이미지가 불가분의 관계를 맺고 함께 꿈틀거리고 있는 것이다. 역사가 주로 관심을 가지는 과거의 이미지도 이와 동일한 양상을 하고 있다. 과거는 구원을 기다리고 있는 어떤 은밀한 목록을 함께 간직하고 있다. 우리들 스스로에도 이미 지나가 버린 것과 관계되는 한줄기의 바람이 스쳐 지나가고 있는 것은 아닐까?(Benjamin 1991a, 693)

여기에서 말하고자 하는 바는 다음과 같이 요약될 수 있다. 현재를 규정하는 과거, 현재의 행복이 담보하는 미래의 구원의 가능성, 그리고 그 구원은 단지 과거에 대한 스쳐가는 이미지로만 가능하다는 것이다. 이는 바로 사유이미지라고 이해 될 수 있다. 지중해의 스페인과 프랑스의 국경도시에서 삶을 마감한 벤야민은 구원을 이야기할 만한 그 어떤 '희미한' 메시아의 힘(Benjamin 1991a, 694)도 느끼지 않았을까? 이미 당대의 모더니즘이 낳은 위기와 공황 상황은 벤야민의 현재를 항시 규정하고 있었던 것이 아닐까 싶다. 아마도 그래서인지 발터 벤야민의 저작들은 대부분 사후에 출간되었다. 부유한 베를린의 유대계 가정에서 자란 벤야민은 고서화 및 예술품 중개상이었던 아버지의 바람과는 달리, 은행가의 길이 아니라 인문학자의 길을 걷는다. 『1900년경 베를린의 유년시절』과 『일방통행』의 여러 곳에서 읽을 수 있듯이 엄숙하지만 자율적이었던 부모님 댁의 분위기는 이후 당시로서는 혁신적인 시골의 기숙학교 생활과 그 곳에서 만난 스승(Gustav Wyneken)의 감화와 더불어 평생의 자산이 되었다. 프라이부르크와 베를린, 뮌헨에서의 대학 공부, 그리고 숄렘과의 만남, 제1차 세계대전 시기 베른에서 마친 박사 논문과 도라와의 그리 길지 않은 결혼생활, 무엇보다도 아스야와의 염문, 베를린으로의 귀환과 끝내 환영받지 못한 교수자격시험 논문, 아도르노와 크라카우어와의 친교, 브레히트와의 만남과 히틀러의 집권, 망명, 파리, 덴마크, 산 레모, 그리고 피레네 산맥의 포르보Portbou에서 끝마치는 그의 오디세이는 살아생전 그의 저작들이 올바르게 평가되기 어려웠던 이유를 설명하기에 부족함이 없어 보인다. 한편으로는 전통적인 아카데미즘으로의 편입이 좌절되었기에 그러하였고, 다른 한편으로는 계속적인 길 떠남과 망명을 강요하였던 시대 상황이 한 몫을 한 것이다. 새로운 길 떠남이 강요된 시기, 떠밀려가는 새로운 천사의 날개 짓 모양으로 벤야민의 여정은 떠밀려 나아간다. 그리고 고비 고비마다 벤야민은 망설인다.

3 진리의 인상학

일찍이 발터 벤야민의 문예학적 연구의 중심에는 기술발전이 야기하는 새로운 매체사적 상황('아우라')과 그에 따른 인간의 인지능력의 변화가 놓여있다. 사진과 영화와 같은 20세기 초반의 '뉴미디어'가 가져온 예술 수용의 새로운 양상에 대한 관심은 문예학자 본연의 문헌학적 연구방법을 확장시켰으며, 문학의 대상을 보다 넓게 바라보게 하였다(Hartmann 2000, 204; 김영룡 2020, 131). 우리가 문학을 더 이상 활자화된 책 속에 묻혀 있는 이미 산화된 언어에 국한시키지 않고, 이야기와 기억들 속에 살아 숨 쉬는 이미지들과 찰나의 순간에 포착된 진실에 대해서 관심을 갖게 된 것은 벤야민의 논지를 뒤쫓은 결과이기도 하다. 이는 벤야민이 사유이미지Denkbild라고 부른 글쓰기 전략에서 출발한다. 주지하다시피 파울 클레의 앙겔루스 노부스Angelus Novus에서 영감을 얻은 천사이미지는 벤야민의 (사유-)이미지(Denk-)Bild 개념을 설명하는데 가장 적합한 실례이다(Weigel 1997, 62). 바로크의 알레고리와 변증법적 이미지들에 대한 논의들 속에서 벤야민이 실천한 사유이미지의 글쓰기는 대상과 그 묘사 사이의 제3의 것das Dritte에 대한 천착에 기반하며, 이는 기존의 미메시스와 메타퍼와 같은 모든 수사학적 논의를 앞서는 소위 '비틀린 유사성 Entstellte Ähnlichkeit'(Weigel 1997, 11)에 대한 이해에서 출발해야 한다(김영룡 2020, 128). 뿐만 아니라 벤야민의 사유이미지 속의 3가지 층위에서의 서사의 전개는 고립되고 서로 격리된 이미지 이해가 아닌 상호 매개적인 이미지 해석을 전제한다. 서로 낯선 이미지들 사이를 매개하는 화자의 역할은 서로 고립된 도시의 삶을 벗어나고자 도시를 배회하고 철학적인 산책을 마다하지 않는 '배회자/산책Flaneur'의 또 다른 모습일 것이다.

한편 벤야민의 글쓰기는 마치 현대의 빅데이터 수집에 비견할 만 하게 일상의 모든 대상들에 대한 관심에서 출발한다. 이는 열정적인 배회자의 눈으로 세상을 바라보는 현대도시의 산책자의 일상에 대한 관심과 다름이 아니다(Hessel 2012, 23 참조). 더군다나 벤야민의 심미안은 심층적으로 상징적이다. 만나는 모든 인간들, 모든 예술품 과 바라보는 모든 대상은 상징적으로 해석 가능한 표징으로 읽혀지며, 이 표징은 동시에 또 다른 표징들과 상호 나열하여 혹은 중층적으로 어울려서 다시금 다른 상징성을 생산한다. 벤야민은 바라보는 대상의 표피에서 '정신, 이미지와 언어가 서로 결부'되어 마치 꿈이나 신화 속의 이야기와도 같은 사유이미지를 그려낸다(Adorno 1981, 681). 벤야민의 다양한 이론적 편력과 오디세이적 삶의 편린들은 그가 경험한 모던한 세계의 '세상의 이치'를 표징적으로 보여준다. 『유년시절』과 『일방통행』, 『파사쥬』와 「기술복제 시대의 예술작품」에 투영된 배회와 미궁적 세계관은 당대의 이데올로기적인 방향 상실감의 정신에서 새로운 인식 모델을 탄생시키고자 시도되었다(Eilenberger 2018, 38). 목소리가 배제된 꿈에도 비견되는 사유이미지의 표징들은 따라서 '꿈이 보여주는 황금 배경 아래에서 새로운 것의 이미지들은 메시아가 도래할 시간과 결부되고, 하느님의 나라는 이를 재앙'이라 이른다(Bolz 1987. 97; Benjamin 1991c, 535).

특히 『기술복제 시대의 예술작품』은 이러한 문제의식을 가장 잘 설명하고 있다(Gumbrecht/Marrina 2003, xiii). 이글은 사진과 영화를 비롯한 매체 기술의 발전으로 복제/재생산이 가능한 예술작품의 본질에 대한 성찰을 수행하며, 특히 정치와 예술의 상관성을 설명하고, 이로써 전통 예술과 현대 예술을 구분한다. 특히 현대의 디지털 문화에 기반한 예술의 새로운 가능성에 대한 논의에서도 벤야민의 논지는 여러 시사점을 지닌다. 특히 제4차 산업 혁명을 이야기하는 디지털 시대에도 유효한 의미연관을 벤야민은 제시하고 있다. 특히 서문에 다음과 같은 발레리의 논의를 인용하여 기술발전과 그 사회적 영향력의 변화가 야기 시킬 새로운 문학/예술의 가능성을 제시하고자 한다.

> 예술 개념과 예술의 상이한 제 형식은 오늘날의 시대와는 크게 다른 시대, 즉 사물과 상황을 제어하는 힘이 우리들의 힘과는 비교도 안 될 정도로 미미한 시대에 생겨났다. 그러나 오늘날 우리가 지닌 수단이 그 적응력과 정확성에 있어서 체험하게 된 놀라운 증가와 발전은 가까운 미래에 고대 이후의 전통적인 예술 산업에 커다란 변화를 가져다줄 것임이 분명하다. 모든 예술형식에는 종전처럼 관찰되고 다루어질 수 없는 어떤 물리적 요소가 있다. 이 물리적 요소는 더 이상 현대의 학문과 제실천이 끼치는 영향력으로부터 벗어나지 못하고 있다. 물질, 공간, 시간과 같은 물리적 요소는 지난 20년

> 사이 옛날의 그것과는 전혀 다른 것이 되어 버렸다. 따라서 우리는, 위대한 신발명들이 예술형식의 기술 전체를 변화시키고 또 이를 통해 예술적 발상에도 영향을 끼치며 나아가서는 예술 개념 자체에 까지도 놀라운 변화를 가져다주리라는 것을 예상하지 않으면 안 된다.(Benjamin 2002, 351)

무엇보다도 인간의 지각의 종류와 방식이 기술발전에 의해서 영향 받고, 그 기술발전의 규정성이 역사적이라는 것이다.

사진과 영화, 라디오와 전신과 같은 매스미디어 기술의 발전과 아우라의 붕괴라는 상징성으로 요약된 전통적인 작가성에 의문을 제기하는 것이 벤야민의 관심사이다. 모더니즘의 위기상황을 넘어서는 저자의 새로운 기능성에 주목한 것이 벤야민의 '아우라' 개념의 본질이다. 벤야민의 관심사는 당대의 기술의 발전과 도시의 성장이 인지 능력에 끼친 영향과 그 예술적 반영 사이의 상관관계를 인간의 인지력의 변화차원에서 살펴보는 것이었다. 아날로그적으로 각인된 저자성이 아우라이며, 작품의 가치는 저자의 창조적 천재성을 아날로그적으로 각인한 데서 발생한다. 이러한 아날로그 저자성은 이젠 전자적으로 매개된 커뮤니케이션의 단계에서는 '현실'과 이중적인 관계를 견지하게 된다. '매개된' 현실은 단순히 현실을 표상하는 것뿐만이 아니라, 현실을 대체한다. 따라서 서사의 문제는 이제 공간의 문제로 전이된 것이다(Güntzel 2007). 그뿐만 아니라 황금의 20년대와 경제 공황과 혼돈의 30년대로 설명되는 바이마르공화국 시기를 점철한 아방가르드 예술의 가장 주효한 예술 기법이 몽타쥬 기법이었다는 사실에 관심을 둔다면, 벤야민의 『파사쥬』 프로젝트가 이러한 시대적 배경 하에서 등장하는 이유는 자명하다. 충격요법에 기반한 편집과 몽타쥬 기법이 파사쥬 프로젝트의 근간을 이루고 이는 모더니즘의 파편화된 세계인식을 대변한다. 1926년부터 죽음에 이르는 1940년까지 수집하고 정리한 다양한 문구와 인용문들은 파사쥬, 유행, 고대에서 보들레르에 이른 파리, 산책자, 증시와 인류학적 유물론에 이르는 6가지의 범주하에 분류되었다. 마치 백과사전과도 같이 알파벳으로 분류되고, 각기 상이한 색채와 상징으로 구분한 미완의 『파사쥬』를 벤야민은 그의 가장 위기의 순간인 망명기에도 결코 포기 하지 않았다(Kramer 2003, 105). 한편의 에세이를 염두에 두었다는 1928년의 생각과 달리 12년이 지난 후 벤야민이 사망할 무렵에도 수천 쪽의 인용문과 원고 뭉치들은 이 평생의 역작이 언제 완결될 수 있을지 가름할 수 없었다. 완성이 되었다면 아마도 벤야민의 가장 역작이자 대표작이 되었을 것이나, 미완의 상태로 저자의 죽음을 맞이하였다. 의도적으로 미완의 상태를 유지한 것인지, 혹은 처음 의도와 다른 복안을 지녔을지, 혹은 이로써 새로운 글쓰기 장르를 시도하였으나 여의치 않았는지, 그도 아니면 개인사의 어려움에서 집필을 계속할 수 없었는지에 대한 의견이 다양하다(Kany 1987, 224; Eiland/McLaughlin 1999, xi ; Rollason 2002). 길 위에 나선 배회자는 결코 집으로 돌아가지는 못할 지라도 여전히 길 위에서 성찰하며 이미지를 생산하지 않는가.

혹자는 벤야민의 의도가 최초의 하이퍼텍스트에 이르는 실험적인 글쓰기라고 주장한다(vgl. Featherstone 1998). 비슷한 시기에 이뤄진 벤야민의 저작들, 특히 우리가 살펴 본 『기술복제시대의 예술작품』에서와 같이 기술발전의 잠재력이 소외와 억압을 해소시킬 수 있음을 염두에 두고 『파사쥬』를 이해하여야 하지 않을까 싶다. 자본시장의 확대가 이뤄놓은 도시의 모습에 적합한 현대 예술의 제 조건에 대한 논의가 그것이다. 상품과 소비의 도시이며 19세기 자본주의 발전의 총아였던 파리의 상업중심지, 즉 아케이드에 대한 조망은 유토피아적 백일몽을 넘어서 모더니즘의 현실을 직시하게한다. 변증법적 이미지들 속의 지난 시간들을 현재화시키는 노력을 통해서 세상의 이치가 드러난다. 루이 아라공의 『파리의 농부』(Aragon 1994)에 영감을 받아서 백화점의 선구자 격인 파리의 파사쥬/아케이드를 19세기 자본주의의 수도인 파리의 가장 특징적인 장소로 선택하고, 여기에서 세계의 작은 축소판을 읽어낸다(Benjamin 1991e, 45). 뿐만 아니라 벤야민은 보들레르의 "산책자/배회자Flaneur"에서 모던한 대도시를 배회하는flanieren "철학하는 산책자philosphischer Spaziergänger" 개념을 도출한다(Benjamin 1991e, 526). 산책자/배회자는 모더니즘을 체화한 인물이며, 현대도시의 변화된 인지력을 대변하는 인물이다. 산책자/배회자는 파사쥬의 가장 핵심적인 인물이며, 자신의 도시와 그 시민들을 관찰하는 예술가이자, 시인이며, 철학자이고 심지어 탐정이며 저널리스트라 할 수 있다(Benjamin 1991e, 559). 이 산책자/배회자의 인물에는 공공성과 공간 개념이 중첩되어 나타나는 바, 배회자는 도시의 수많은 대중들을 필요로 하지만, 결코 그 일부가 되고자 하지 않는다. 지나치는 대중들의 얼굴에서 그들의 직업, 출신 그리고 성격들을 읽어내고, 그렇게 획 스쳐지나가는 진실의 이미지들 속에서 배회자는 비밀스런 메시지와 그 의미를 알아차린다(Arendt 1992, 18). 이 세상의 진실을 오직 그 혼자만 차곡 차곡 정리할 수 있다. 현대 도시의 철학하는 산책자/배회자는 길 위에서 도시가 품고 있는 진실의 모습을 찾아 나선 자이다. 그는 항시 길 위에 있는auf dem Wege 존재이다.

여행이 목적지에 도달하기 위해서 길을 나서는 것이라면, 길은 인생에 대한 메타퍼이다(Grün 2013). 들판을 걷기위해 길을 나서는 것은 항시 그 길 위에 머물고 서있기 위해서 그러하고, 많은 사람들은 들판을 걸으며 느끼는 길 위에 머무는 경험에 확연히 매료된다. 인생은 바로 길이다. 독일어는 길 위에서 '걸어서 구하고ergehen', 어딘가로 '가는fahren' 사람은 '겪어서 알게erfahren'되며, '들판을 걷는wandern' 사람은 무언가를 곧 '깨닫는다bewandern'고 한다. 우리네 인생에 대한 메타퍼로서의 길은 그 길 위에서 우리가 마주치고, 우리에게 일어난 것들, 우리가 찾고자했고 그로인해 상처받은 것들, 우리가 계획하고 도달한 것을 총망라한다. 우리는 움직임을 취하고 그 행동의 이유가 있으며, 무모하게 행동한다. 우리는 길을 걷고, 그럼으로써 우리를 변화시킨다(wandern/wandeln). 그리하여 옛 순례길이나 현대의 순례길을 걷는 수많은 사람들은 그들의 걷기를 통해서 내면의 변화를 기대한다(Heidegger 1983, 7). 동양의 도교와 불교에서도 진리를 찾는 것은 길을 떠남으로부터 시작하며, 예수 그리스도의 십자가의 길은 더 말할 나위도 없다. 길 떠남의 도착과 도착됨에 대한 믿음이 인류의 역사를 이끄는 추동력이었기에 벤야민의 배회자는 현상적인 일상성 너머의 진리에 이르는 길 위에 있는 사람이라 여겨진다. 길은 삶의 의미와 지향성을 상징하는 표징이다. 내 인생의 길을 잃어버리는 것은 삶의 방향 상실이기도 하거니와 더불어 자유의 상실이기도하다. 벤야민의 위기의 순간이었던 1929년 벤야민은 『문학세계Die Literarische Welt』에 에세이 「프루스트의 이미지Zum Bilde

Prousts」를 발표한다. 허구와 자전적 사실의 모호한 교차가 낳은 의미의 미로를 찾아가는 과정이 현대의 화자를 찾아가는 길이라고 본 벤야민은 "프루스트의 이미지는 시와 삶 사이의 걷잡을 수 없이 커가고 있는 간극이 획득할 수 있었던 최다의 인상학적 표현"이라 한다. 프루스트의 작품에는 '실제로 일어났던 삶이 아니라 삶을 체험했던 사람이 바로 그 삶을 기억하는 방식으로 삶을 기술하고 있다'는 점에 주목하고 다음과 같이 적고 있다.

> (..) 여기에서 기억하는 작가에게 가장 중요한 역할을 하는 것은 그가 체험한 내용이 아니라 그러한 체험의 기억을 짜는 일, 다시 말해 적극적인 회상Eingedenken을 하는 일이기 때문이다. 아니 이보다 더 적합한 표현은 기억을 짜는 것이 아니라 망각을 짜는 일이라고 말할 수도 있을 것이다. 프루스트가 비자발적 기억mémoire involontaire이라고 부르는 비자발적인 회상은 흔히 기억이라고 불리워지는 것보다는 오히려 망각에 훨씬 더 가까운 것이 아닐까? 기억이 씨줄이고 망각이 날줄이 되고 있는 이러한 무의지적 회상이라는 작업은 회상하는 일이라기보다는 오히려 회상하는 일의 반대가 아닐까? (Benjamin 1991b, 311)

일찍이 벤야민은 서사의 전제조건을 서사가와 청중사이에 존재하는 경험의 공유라고 한 바 있으며, 경험의 공유를 가능하게 하는 회상의 방법은 마치 이 글의 맨 처음에 티어가르텐 에피소드에서 주장되어진, 길을 제대로 깨우치기 위해서 길을 잃는 방법을 배워야 한다는 논리와 유사하다. 망각을 통해서, 망각을 짜면서 기억을 만들어 내는 방법은 기억의 무의식적인 요소를 이야기한다. 배회자가 현대의 대도시에서 마주치는 충격들과 복합적 자극들은 무의식의 영역에 남아 있다. 이해되지 못하는 사건과 이해되지 못하고 '경험'되어 '기억'되는 일상은 무의식에 자국을 남겨, 이제 망각된 것과, 아직 망각되지는 않았지만 감춰지고 잃어버린 것의 흔적을 새긴다. 의식에서는 지워졌지만, 무의식이 보존하고 있는 무의지적 기억의 파편적이고 이질적인 자료들은 현대사회의 혹독함과 의식적 회상의 소멸로부터 살아남은 개인의 과거에 대한 중요한 흔적으로 남아 있다. 마치 수백수천 개의 길거리와 요소요소의 감시카메라 속에 무의식적으로 촬영되고 우리의 일거수일투족이 관찰되지만, 우리는 우리가 어디에서 무엇을 하고 있는가에 대해서는 의식하지 않는다. 내이비게이션과 휴대폰의 위치 추적 장치와 감시카메라 속의 영상만이 나의 흔적을 입증한다. 이것이 디지털 시대의 비자발적인 기억이다. 그럼에도 우리는 길 위에 나서야 한다. 자신의 영역에만 머물면서 세상과의 단절된 채 삶에 대한 냉소와 허무의 감정만을 재생산하고 있을지 모르는 현대의 고립된 청춘들에 비하여, 철학하는 산책자/배회자에게 도시는 여전히 모험의 장소이며, 새로운 체험의 공간이 된다. 아마도 벤야민은 도시를 걷는 배회자들의 모습에서 촉각적 수용의 공간을 상상한 것이다(Benjamin 2002, 46;김영룡 2019a, 387). 다른 한편 현대의 우리는 스마트 폰의 위치 추적 매커니즘에 상시 노출되어 있으며, 항시 수많은 웹캠에 의해서 필터링 된다. 우리의 모든 개인정보, 수입과 지출, 병력, 선호도 뿐만 아니라 취향마저도 빅데이터로 상징화되고 이미지화된다. 궁극적으로 이는 현대의 심미적 상황과 유사하다. 왜냐하면 현대의 심미적 상황은 버츄얼한 실재

virtuelle Realität와 현실reale Realität이 어떻게 서로 영향을 주고받는가 하는 문제를 묻고 있기에 그러하다(김영룡 2011, 257). 벤야민에게 있어서 '현대'의 모던한 미학은 아우라의 붕괴가 낳은 사회적 조건들을 제시하여야 한다(Benjamin 2002, 356). 기술적 복제가 가능한 예술작품은 그 복제가능성에 기반하여, 즉 아우라가 소멸되었기에 이전의 예술작품과는 다르다는 점을 주장한다. '원작이 지니는 시간적 공간적 현존성'이라고 정의되어진 아우라는 영화와 사진과 같은 복제 기술의 발전이 오리지널이 지닌 '일회적 현존성'을 훼손되고, 이는 예술작품의 아우라가 파괴되었음을 의미한다(Benjamin 2002, 354). 아우라는 오리지널러티, 진품성, 예술작품의 현존성을 이야기하는 동시에, 아우라는 '자연적으로는 아무리 가까이 있더라도 어떤 먼 것의 일회적 나타남'이라고 정의할 수 있으며(Benjamin 2002, 357), 마치 성령에 비견되어 '입김', '공기', '미풍'에 견주어 이야기된다. 원래 예술이란 판화와 같은 혹은 동전주조에서도 보여지듯이 이미 그 근원에서부터 복제/기술적 재생산의 가능성이 상존하였으나, 세기말에 이르러서 옵셋이나 사진과 영화의 새로운 기술발전이 낳은 예술의 새로운 복제 가능성이 이제는 단지 미학적 차원 뿐만 아니라 인지학적 관점에서도 새로운 패러다임을 낳았다는 것이다. 이러한 변화를 '아우라의 소멸'이라는 테제로서 벤야민은 설파하였으며, 현대의 예술에 도래한 아우라의 붕괴 현상을 통해서 이러한 변화의 사회적 조건을 제시하고자 하는 벤야민의 테제는 디지털 시대를 맞이한 우리에게도 여전히 매우 생산적이다. 특히 벤야민은 냉철하게 다음과 같이, 아우라의 파괴와 함께 사라진 예술의 '가치 판단능력'이 사회적으로 뿐만 아니라 기술적으로 규정되었음을 이야기하며, 이는 단순한 아우라의 붕괴가 지닌 가치 중립적인 사회적 영향을 넘어서는 것이 아닐 것인가 하는 우려를 표명하며, 21세기의 우리가 직면한 문제의식을 선취하고 있다.

> 오늘날의 생산조건하에서 예술이 어떤 방향으로 나아갈 것인가 하는 예술발전 경향에 관한 테제들을 말하는 것이 좋을 것이다. 창조성, 천재성, 영원한 가치와 비밀 등을 제거해 버린다. 이러한 것들이 단지 실증적인 자료의 검토만을 위해서 존재한다면 이는 파시즘적 의미로만 사용될 가능성이 크다.(Benjamin 2002, 357)

21세기의 인터넷과 디지털 기술, 내비게이션과 휴대폰의 발전에 비견할 만한 라디오와 무선, 사진과 영화가 몰고온 매체사적 변혁을 체험한 모던한 대도시의 지식인들은 매체기술의 발전이 불러올 일상의 변화와 그 사회적 파장에 대해서 관심을 갖는다. 벤야민과 알프레드 되블린, 프란츠 헤셀 등의 관찰은 새로운 매체 기술의 발전이 야기한 인지능력과 미적 변화에 대한 성찰을 도모한다. 아우라의 붕괴가 의미하는 바는 한편으로는 새로운 가능성을 보여준다. 아우라에 대한 논의는 전통과의 관계를 다시금 생각하게 하는 바, 프랑크푸르트 학파의 문화산업 비판과는 차별적이다. 즉 예술의 제의적 가치Kultwert와 예술의 자율성Autonomie이 동시에 사라지는 상황이 초래한 아우라의 붕괴는 역설적으로 예술의 새로운 가능성을 보여준다. 왜냐하면 "예술 생산에서 진품성을 판가름하는 척도가 그 효력을 잃게 되는 바로 그 순간, 예술의 모든 사회적 기능 또한 변혁을 겪게 된다. 제의적인 것에 근거를 두고 있었던 예술의 사회적 기능의 자리에 또 하나의 다른 사회적 실천, 즉 정치에 그 근거를 두고 있는 예술의 다른 사회적 기능이 대신 들어서고"(Benjamin 2002, 359) 있기 때문이다. 재생산 기술이 발전하고 동시에 인간의 인지능력의 변화를 야기한 아우라의 소멸을 이야기하는 발터 벤야민이 염두에 두었던 점은 바로 이러한 미디어 현실의 발전은 부분적으로 매체사적 '현실'을 실체로 받아들인다는 점이다. 이로써 가상현실을 실재로 받아들여야하는 현재적 상황은 그리 새로운 것이 아니다. 달리 말해서 매체적으로 재구성된 현실은 마치 '코드의 재코드화'라는 명제에 걸맞게 우리의 실제적 현실과는 독립적으로 이야기 될 수 있다. 이점은 발터 벤야민의 테제가 지니는 현재성의 한 단면일 것이다. 어쩌면 모더니즘의 위기 상황 하에서 자신의 삶을 영위한 벤야민의 마지막 10년의 삶은 다음과 같은 문제의식 하에서 쉽게 설명될 수 있다: "일찌기 호머의 시대에는 올림푸스의 신들의 관조의 대상이었던 인류는 이제 그 스스로가 관조의 대상이 되었다. 인류의 자기 소외는 인류 스스로의 파괴를 최고의 미적 쾌락으로 체험하도록 하는 단계에 이른 것이다(Benjamin 2002, 383)."

아도르노와 사회연구소의 노력이 없었다면 전후에도 벤야민의 저작들은 알려지지 않았을 지도 모른다. 단지 나치에 의해서 희생당한 많은 진보적인 인사들의 비극적인 일화들 중에 하나로 치부해 버리기 쉬었을 것이나, 50년대 이후로 지속적으로 이뤄진 저작들의 간행은 68운동의 시기를 계기로 1977년에는 전집 간행에 이르는 벤야민 르네상스에 이른다. 더군다나 우리나라를 비롯한 수많은 나라에 번역되고 소개되었다(Benjamin 1999;벤야민 2007). 일찍이 페터 뷔르거는 벤야민의 글쓰기가 반체계적anti-sytematisch이라는 아도르노의 주장에 대하여 탈체계적a-sytematisch이라고 이야기한 바 있다. 주지하다시피 쉴레겔을 위시한 초기 낭만주의자들에게서 유래한 벤야민의 단편적인fragmentarisch 사유방식을 뷔르거는 자신의 아방가르드개념에 근거하여 몽타쥬적으로 이해하려 하지만, 반면에 많은 이들에게는 구성적으로 이해된다(Schöttker 1999, 10). 그러나 벤야민의 글쓰기를 몽타쥬 혹은 구성주의적 단편주의로 보는 것은 문예학의 관점에서만 국한된 견해이다. 벤야민의 언어철학과 매체이론을 살펴본다면, 벤야민의 글쓰기는 기억/회상, 이미지, 사진, 영화, 순수언어와 같은 다매체적 관점에서 이해된다. 에세이 문투와 시적인 글쓰기가 벤야민의 기본적인 글쓰기라고 이해되지만, 우리가 『파사쥬』에서 보는 바와 같이, 다양한 인용문들과 다양한 견해들을 조합하여 서로 배치하는 글쓰기는 모더니스트 벤야민이 바라보는 세계인식의 표현이다. 겹겹이 미로와도 같이 다층적인 만연체와 적확한 단어의 선택이 야기하는 해석의 불가해성 역시 벤야민을 읽어야 하는 독자에게는 매우 큰 부담감이다. 이런 연유에서 필시 수많은 해석의 가능성들이 존재하며 많은 이들에게는 깊은 사색의 계기를 제공한다. 넓은 주제군과 지속적으로 나열되는 관심사항, 주제의 지속적인 확대가 벤야민을 이해하고자 하는 이들에게 커다란 장애로 작용하는바, 문예학적인 연구 방법론뿐 아니라, 당시로서는 매우 낯선 라디오와 사진, 그리고 영화 이야기는 문헌학적인 교육에만 익숙한 독자들에게는 그때나 지금이나 종잡을 수 없는 에피소드들의 나열로만 여겨진다. 문헌학에 근거한 텍스트 위주의 문예학뿐 아니라 소위 문화학의 관점에 대한 이해 역시 벤야민의 사유 체계를 이해하기 위해서는 우선되어야 한다. 모더니즘의 체제적 위기 상황뿐 아니라 매체사적 격변의 시기를 살았던 발터 벤야민과 그 동시대인들에게는 어쩌면 이러한 문제의식은 너무나 당연한 것이었다.

주지하다시피 벤야민의 글쓰기는 대상의 단편들로부터 스스로가 말하고자하는 바의 기반과 구성요소들을 끌어내는 바, 이 구성요소들을 다시금 전체를 그리는 부분으로 사용하여 전체의 이미지를 완성시킨다. 벤야민의 많은 에세이들과 끝내 미완으로 남은『파사쥬』프로젝트는 이러한 벤야민의 글쓰기 전략에 가장 적합하다. 길 위에 놓인 통로를 걷는 배회자의 눈으로 바라보는 세상의 변화와 함의를 위상학적으로 이야기하는 것이 벤야민의 사유이미지에 녹아있는 본질이다. 더욱이 이미지의 지시성을 이야기하기 어려운 난해함과 그 의미연관을 규명하기에는 너무 복잡하다는 사실이 벤야민의 글쓰기의 특징이 되어 버렸기에, 벤야민의 저작은 그 시대상과의 연관성을 통해서, 즉 그 형성사와의 연관 하에서 이해될 부분들이 있다. 본 연구에서는 이를 벤야민의 삶의 위기 상황, 즉 자신을 사회와 격리하고, 자신을 표현하기 어려운 시기와 그의 시대가 일치함에서 출발하였다. 즉 모더니즘의 시대적 위기상황과 동시대인들의 위기상황에 대한 이해가 선행되어야 이해될 수 있다. 벤야민의 개인사뿐만 아니라 벤야민과 그 동시대인들이 경험한 사회적, 정치적, 문화적 위기 상황과 결부되어 있기에, 모더니스트 벤야민이 바라보는 세상의 가장 중심에는 대도시와 그 도시에 사는 사람들이 놓여있다. 출생지인 베를린, 여행지 모스크바, 그리고 망명지 파리, 그리고 마지막 종착지로 여긴 뉴욕은 새로운 변화와 위기 상황에 가장 잘 노출되어있다.[4] 무엇보다도 그의『유년시절』에 잘 묘사되어 있듯이 새로이 20세기에 접어든 독일제국의 수도 베를린의 도시 풍경에서 눈에 띄는 점은 사진과 환등기, 카이저파노라마와 전화기와 같은 새로운 매체 기술로 대변되는 모더니즘의 모습이며, 유년기의 기억에 깊이 각인된 것은 산업화가 바꿔 놓은 대도시 베를린의 새로운 얼굴이다. 1892년 7월15일 베를린의 부유한 유대계 가정에서 태어난 발터 벤야민에게 있어서 어린 시절에 대한 회상Eingedenken이란 이 글을 구상하고 집필하던 1930년대의 불안정한 삶의 편린들뿐만 아니라, 1940년 피레네 산맥의 포르보Portbou에서 마감한 그의 그리 길지 않았던 생애를 피구라적으로 선취하는 매체이었다.

이 글은 우리의 학문 분과가 직면한 초미의 문제에 대한 해답을 찾고자 하는 지난한 과정의 일환이다. 서구의 모더니즘이 낳은 배회flanieren의 미학(Lauster 2007 참조)이 기반하고 있는 시대인식을 작금의 위기의식에 투영해 봄으로써 미래사회에 유효한 새로운 인식의 가능성을 찾아보고자 하였다. 내용과 형식의 일치를 중요시하였던 동시대인들과 마찬가지로 단편, 짧은 인상, 과거의 기억들에 대한 추구는 당대의 모더니즘적 세계관을 대변한다. 더욱이 기표와 기의의 불일치로 야기된 선험적 고향상실의 시대는 배회자의 존재를 통해 극복의 가능성을 이야기 할 수 있다.

4 산업화를 경험한 베를린과 파리 등과 같은 대도시의 지식인이 거리를 배회하며 도시의 건물 숲을 산책한다는 견해는 산업화가 야기한 대중성과 대비되는 정치적 '비공간성'(Augé 2010)을 보여준다 할 것이다.

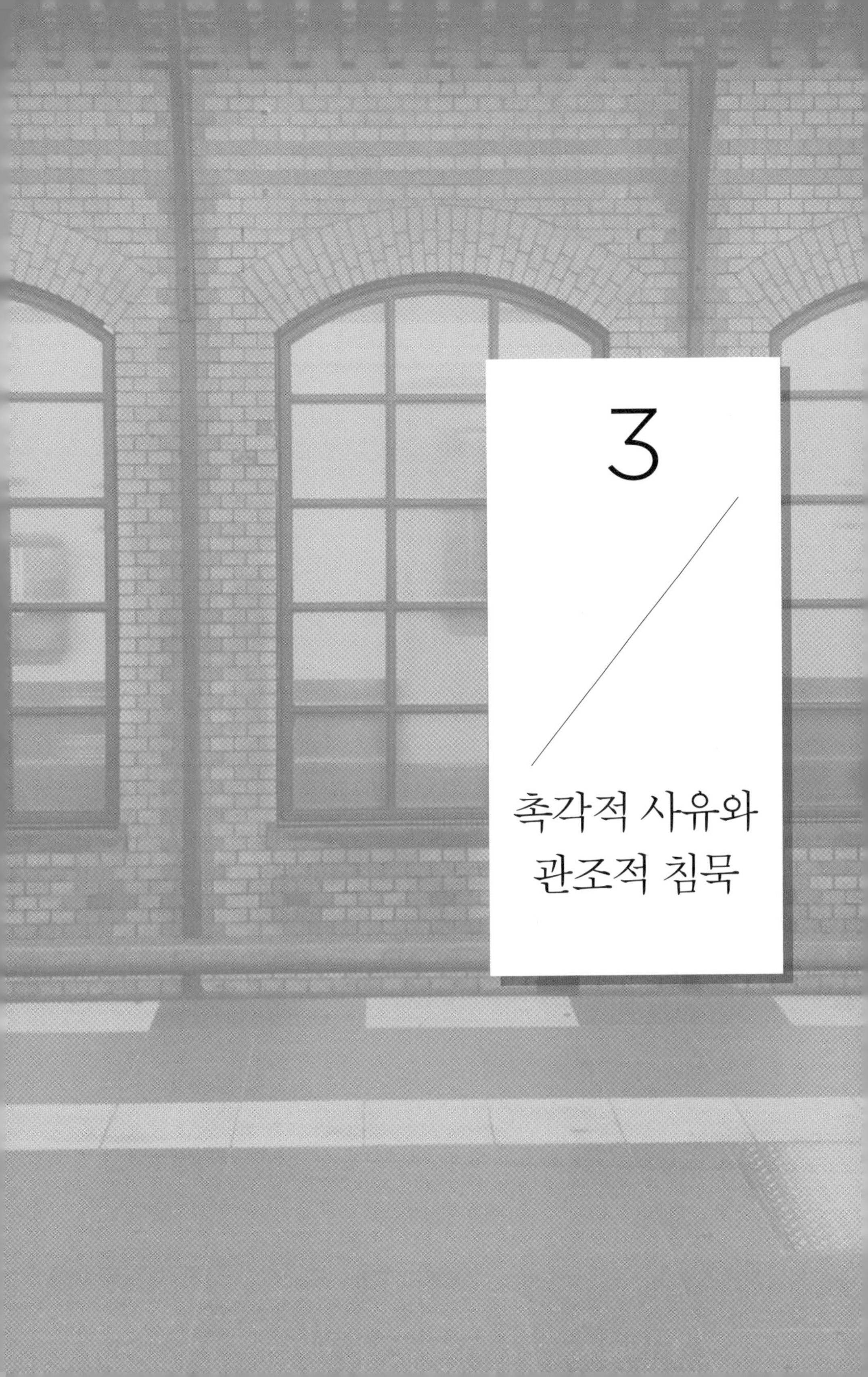

3

촉각적 사유와 관조적 침묵

1 공간의 지시성과 관조적 침묵

플로리안 헨켈 폰 도너스마르크Florian Henckel von Donnersmarck(1973-)의 영화 〈작가미상Werk ohne Autor〉(2018)에 나타난 서사의 매개 방식과 현대의 영상 미디어가 지닌 지표성 문제를 촉각적 미학haptische Ästhetik(vgl. Benjamin 2002, 378)의 관점에서 재구성하는 것은 현실지시성과 그 재현의 문제의식을 살피는 좋은 실례가 될 것이다. 〈작가미상〉은 어느 예술가의 성장과정을 그려낸다. 국내 개봉 제목은 '작가미상'이나 원래의 영화 제목을 직역하자면 '작가 없는 작품'이라 할 것이다. 무엇보다도 20세기를 관통하는 격변의 시대에 태어나고 자라나, 궁극적으로 저명한 화가로 성장하는 영화 속의 주인공 쿠르트 바네르트Kurt Barnert의 가족사가 '작품Werk'의 배경이다. 그 누구도 끄집어내기 어려운 아픈 기억을 내재화된 기억의 잔상으로 치부하면서 자라난 예술가가 과거의 기억을 현재적 관점에서 재현해 나가는 과정이 영화 〈작가미상〉의 기본 이야기 구조이다.[1]

1 매일 반추하면서도 설명할 수 없었던 아픈 기억을 단지 그 사실 그 자체로 보여주기 위해서 택한 사진에 기반한 재매개Remdiation의 예술적 완성화 과정이 전통적인 의미에서의 예술

영화의 주인공인 쿠르트 바네르트라는 인물의 본보기로는 화가 게르하르트 리히터Gerhard Richter(1932-)가 이야기된다.

현재 대내외적으로 가장 유명한 독일의 화가라고 이야기할 만한 게르하르트 리히터의 작품에서는 파울 클레Paul Klee(1879–1940), 리멘슈나이더Tilman Riemenschneider(1460–1531), 프리드리히Caspar David Friedrich(1774–1840)와 같은 예술가들의 예술품에 표출된 '관조적 침묵reflective silence', 즉 당대의 시대정신을 이미지화시키며 그 그림을 바라보는 사람들에게 시공간을 넘어서는 숙고와 묵상의 계기를 제공하는 예술적 체험이 나타난다(MacGregor 2016, 562). 만일 우리가 이 침묵에 귀를 기울이면 침묵은 끊임없이 말을 건넨다(Agamben 2012, 94; 스메트 2007, 175f.). 리히터의 그림에는 이미지의 단면에 숨겨진 역사적 진실의 모습들이 감춰져 있다. 따라서 리히터의 예술은 그의 삶의 노정에 대한 이해에서 출발해야 한다. 도너스마르크의 영화는 말하자면 〈작가미상〉/리히터의 예술적 삶/리히터의 개인사와 역사적 배경과 같이 다층적인 의미구조에서 출발하며 도너스마르크의 영화는 리히터의 삶과 예술작업에 대한 '재매개Remediation'(Bolter/Grusin 2000, 44)의 시도이자 독일 예술사에 깊이 자리 잡은 관조적 침묵의 전통을 잇고 있다.

주지하다시피 리히터의 예술가로의 성장 과정에서는 고모인 마리안네Marianne와 장인 오이펑어 교수Prof. Dr. Heinrich Eufinger의 상호 모

가 개인의 창조성 개념과 또 다른 의미 연관을 낳아서인지 도너스마르크는 이 영화의 제목을 '작가 없는 작품 Werk ohne Autor' 라고 부른 것 같으나, 부산 영화제를 통해 국내에 개봉된 제목을 '작가미상'이라고 하여 조금은 느낌이 낯설다.

순적인 개인사가 서로 중첩되어서 강한 영향을 끼친다(Schreiber 2017, 참조). 마리안네는 21살의 나이에 나치에 의해서 정신병원에 감금되고 나치의 정책에 따른 '불임시술'을 받게 되었으며, 장인 오이핑어 교수는 골수 나치당원이며 드레스덴의 산부인과 병원의 병원장으로 무려 1,000여 건에 이르는 강제 불임시술에 대한 책임을 회피하기 힘들다. 오랜 강제 수용과정을 겪어야만 하였던 마리안네는 결국 1945년 작센의 수용병동에서 안락사라는 이름으로 사실상 '처형'된다. 이 시기 나치는 25만 명에 이르는 안락사를 자행한다.

이 모든 사실은 전쟁이 끝나고 드레스덴에서 오이핑거의 딸 '에마Ema'와 리히터가 서로 사랑을 하게 되면서 점차 관객의 눈을 통해서 폭로된다. 1961년 베를린 장벽이 건설되기 바로 직전 동독을 탈출하고 뒤셀도르프에서 새로운 미술 공부를 시작한 리히터는 마리안네와 장인 그리고 사랑하는 가족들의 초상화 작업을 시도하며 자신만의 예술적 성공을 이루게 된다. 마리안네의 불행과 오이핑거의 비겁한 처세가 어쩌면 동일한 공간의 동시대를 살아온 서로 모순된 삶의 엔트로피가 아닐까 하는 의문을 품어보지 못하였으나 그의 그림들이 낳은 관조적 침묵의 이미지들은 예술적 성공을 낳았다. 특히나 리히터는 다매체 시대의 기술적 특성들에 대한 관심이 많은 작가이다. 리히터는 1977년 딸 베티의 모습을 찍었다. 벽에 걸린 아버지의 작품들을 어깨너머로 돌아보는 10세 소녀의 모습이다. 이 사진은 1988년 리히터가 그림으로 재탄생되고, 이후에 다시금 석판화로 만들어진다.

독일 현대사에 대한 재해석에 열중한 아버지의 그림을 되돌아보는 어린 소녀의 모습이 사진으로 찍히고 다시금 그림으로, 또다시

석판화로 제작되는 미디어적 재구성 혹은 재매개의 과정은 홀로코스트와 같은 독일의 현대사를 재해석하는 독일의 담론구조에 대한 은유로 이해될 것이다.

게르하르트 리히터와 그의 딸 베티의 형상은 독일 현대사를 상징한다 할 것이다. 폴란드와 독일의 국경지대에서 태어난 리히터는 나치 치하에서 유년기를 보냈으며, 나치의 전쟁은 유년기의 추억을 암울하게 하였을 것이다. 미술 공부를 하고 나름의 커리어를 쌓은 드레스덴을 떠나 장벽이 만들어질 무렵 낯선 서 베를린에 정착한 리히터 가족의 삶은 마치 크리스타 볼프의 『나누어진 하늘』을 연상케 한다. 화가 리히터의 삶은 나치에 의한 전쟁, 그리고 전후 동서독의 체제경쟁과 이후 통일에 이르는 독일 현대사를 체화하고 있는 셈이다. 아버지의 그림들을 등지고 있는 베티는 아버지가 작업한 독일의 현대사를 등지고 있음이다. 나치 독일에서 시작하여 분단의 시대를 지나 이제 통일을 이룬 독일의 역사를 자신의 등 뒤에 두고 있는 셈이나, 파울 클레의 '새로운 천사Angelus Novus'의 폭풍에 날개가 묶인 앙겔루스 노부스처럼 지나온 시간을 뒤돌아보고 있다. 다만 클레의 천사는, 벤야민이 그의 역사철학테제에서 설명하고 있듯이, '일련의 사건들이 그 모습을 드러내고 있는 바로 그곳에, 잔해 위에 또 잔해를 쉼 없이 쌓이게 하고 또 이 잔해를 우리들 발 앞에 내팽개치는 단 하나의 파국을' 바라보고 있다. '진보'라는 이름의 폭풍이 미래로 밀어 붙이는 형국이 역사의 발전과정이라면 검은 뒷 배경만을 바라보고 있는 베티가 얼굴을 돌려 정면을, 즉 미래를 바라보는 계기는 무엇일까? 다만 리히터의 '베티'는 도너스마르크의 영화 〈작가미상〉의 제작 계기가 되었다. 그는 〈타인의 삶Das Leben der Anderen〉에서 슈타지Stasi 요원으로 열연한 울리히 뮈헤Ulrich Mühe(1953–2007)의 거실에 걸려 있던 '베티'를 계기로 그 창작자 게르하르트 리히터의 다른 작품들과 그의 전기를 알아가는 과정을 시나리오 북에서 설명하며, '베티'와의 만남이 〈작가미상〉을 구상하는 계기가 되었음을 밝힌다(Donnersmarck 2018, 156). 도너스마르크의 〈작가미상〉은 '베티의 뒤돌아보는 행위/베티의 사진/사진의 회화작업/석판화작업'이 상징하는 일련의 예술작업들이 내포하는 '작품Werk'의 의미연관성을 추구하고자 한 것이 아닐까하는 전제에서 이 논문에서는 이를 이미지의 지표적 특성, 즉 지시성Indexikalität의 측면에서 살펴보고자 한다(Honnef 2019; Donnersmarck 2018; Agamben 2012).

지난 2018년 부산 국제 영화제를 계기로 우리나라에 소개된 플로리안 헨켈 폰 도너스마르크의 영화 〈작가미상〉은 극중 인물인 예술가 쿠르트 바네트의 일대기를 통해서 독일 현대사를 관통하는 3번의 주요시기를 그려낸다. 즉, 주인공 쿠르트가 어린 시절 경험하는 나치독일, 그리고 청년기에 예술가의 꿈을 꾸던 전후 동독에서의 삶, 마지막으로 1960년대 초반 서독으로 넘어온 쿠르트 부부가 뒤셀도르프에서 일궈낸 예술가로서의 성장과정이 바로 그것이다. 유년기의 쿠르트는 고모인 엘리자베트에 대한 많은 추억을 가지고 있어, 특히 드레스덴 시내의 미술관 나들이가 바로 그것이다. 예술적 가치관에 많은 영향을 끼친 고모 엘리자베트는 안타깝게도 나치의 우생학적 안락사의 희생양이 된다.

영화의 첫 장면에 관한 도너스마르크의 시나리오 작업에서 보자면 나치가 탄압한 표현주의 예술가들의 면면과 전시회 가이드의 선동적인 문구에 귀 기울이는 대중들에 대한 묘사가 눈에 띈다

(Donnersmarck 2018, 11). 처음 드레스덴의 미술관 나들이에서 그들이 참여한 전시회가 나치가 기획한 소위 '퇴폐예술' 전시회였던 것을 보자면 예술을 사랑한 엘리자베트가 나치의 정신병원에 수감되고 이후 살해까지 당하는 과정은 나치의 표현주의를 위시한 모더니즘 예술에 대한 탄압의 은유로 이해될만 하다. 그리고 시나리오의 지문에 '금발의 매혹적인 19세 소녀'로 묘사된 엘리자베트는 나치가 탄압한 예술적 뮤즈의 알레고리이기도 하지만 동시에 체제에 아무런 위험요소가 될 수 없는 독일의 여염집 규수일 뿐이다. 예술적 탄압은 혹은 진실에 대한 억압은 특별한 것이 아니라 우리 주변에 너무나 일상적이다.

'확신에 찬' 갤러리 큐레이터의 '퇴폐 예술'에 대한 혐오 발언 역시 그 어떤 대단한 신념의 산물이라기보다는 일상화된 선전선동과 반복적인 언어의 나열에 물든 일상의 모습일 것이다.[2] 그럼에도 누군가는 이러한 사실들에 대해서 기록하고 옳고 그름을 이야기 해야 하는 것은 아닐까? 그리하여 영화 초반부에 엘리자베트는 쿠르트에게 이 영화의 라이트모티브가 되는 말을 하는 바, 즉 '결코 회피하지 말라! Sieh niemals weg!'는 말이 바로 그것이다. 이 영화의 영문 제목 'Never look away'는 여기에서 유래한 것이다.

2 안타깝게도 이 지점에서 작금의 '댓글문화' 혹은 새로운 '증오문화'에 대한 선례를 볼 수 있다. 도너스마르크의 영화에서 나치에 의해서 '퇴폐적' 예술로 치부된 모더니스트 예술에 대해서 엘리자베트는 맘에 든다고 조카인 쿠르트의 귀에 대고 속삭인 장면이 있는데, 반면에 엘리자베트는 히틀러의 방문에 잠 못 이루지 못할 정도로 설렌다. 가령 매우 자유분방한 서브컬처에 비해서 다분히 보수화된 청년문화를 예로 들자면 이러한 정치적 가치관과 예술적 향유 사이의 상관성에 대해서 이미 우리는 벤야민의 테제에서 많은 시사점을 읽어낼 수 있으며 동시에 우리시대의 서브컬처가 지닌 역동성을 다시금 생각해 볼 수 있지 않을까 싶다.

청년기의 쿠르트는 사회주의리얼리즘에 기반 한 벽화 작업에 두각을 나타내는 바, 그럼에도 젊은 쿠르트의 마음을 사로잡은 것은 부인 엘리와의 만남이다. 관객은 저명한 산부인과 의사인 엘리의 아버지가 엘리자베트의 죽음에 직접적인 관련이 있음을 알고 있다. 장벽이 세워지고 서베를린을 거쳐 뒤셀도르프에 건너온 쿠르트에게 새로운 예술적 삶을 가능하게 하였던 것은 교수 프로이스Preuss와의 만남이다.

실제 뒤셀도르프 예술대학에서 강의를 하였던 예술가 요셉 보이스를 모델로 한 프로이스 교수의 캐릭터뿐만 아니라 위커Uecker를 생각나게 하는 친구 캐릭터 등은 말할 것도 없고 주인공인 쿠르트 바네트라는 인물 역시 실제로는 독일 현대회화의 거장인 게르하르트 리히터를 모델로 하였다. 영화에서 주인공 쿠르트의 화가로의 성장과정은 자신의 내면의 이미지를 찾아나서는 과정이었다.

〈타인의 삶〉이후 10여 년 만에 다시금 제작된 플로리안 헨켈 폰 도너스마르크의 〈작가미상〉에서 화가 게르하르트 리히터를 모델로 삼아 형상화된 극중 인물인 쿠르트 바네트는 20세기 독일의 격변적인 역사를 감내하여 자신만의 예술적 기법을 찾아 나선다. 특히 사진과 회화의 관계에 대한 숙고에서 기억의 예술적 재창조라는 예술적 기법을 생각해 내는 모습은 리히터의 실제적인 예술적 성장과정과 유사하다. 따라서 사진-회화Foto-Bilder라는 나름의 예술 장르를 완성시키는 한편의 성장소설이라 말 할 수 있다.

'작가 없는 작품Werk ohne Autor'이라는 이 영화의 제목에서 우리가 알고 있듯이 로랑 바르트와 미셸 푸코의 '작가의 죽음'이라는 명제에서 유래한 포스트모던한 주체의식을 염두에 둔다면 회화라는 기법적 측면에 앞선 이미지에의 천착과 그 이미지가 지닌 시대성과 역사적 사실과의 매개적 관계, 즉 지표성의 문제가 관건이 된다. 절대적 진실 혹은 진리에의 길Wege des Geistes이 더 이상 존재하지 않는다는 절대적 믿음에 근거한 현대/초현대의 사람들은 무엇이 올바른지에 대한 주체적인 질문을 더 이상 던지지 않는다. 현실을 재구성하고 기록한다는 것은 그것이 글이던지 아니면 사진과 영상을 통한 것이던지 간에 우리가 행하는 무형의 기억과 달리 물리적인 증거물을 제공한다. 작금의 국내외 여러 논란의 중심에는 실재 일어난 일 혹은 실재 일어났다고 '기억하는' 사건들과 사건들에 대한 기록물들 사이의 상호 지표성의 혼란이 존재한다. 문학과 회화, 그리고 기록과 사진의 역사가 단지 물리적인 삶의 반영에 불과하며, 있는 그대로의 사실들의 재구성이 역사적 삶을 올바르게 반영하는 것일까 하는 의문은 언제부터인지 우리들의 토론의 단상에서 슬그머니 사라졌다. 스마트폰과 셀카의 열풍, 그리고 트위터, 페이스북과 같은 사회관계망 SNS의 열풍은 이러한 논의 자체를 원초적으로 차단한 것은 아닐까?[3] 아날로그 사진이 필름이라는 형태의 매체를 통해서 특

3 카메라 옵스쿠라를 기술적으로 발전시킨 아날로그/필름 카메라의 탄생과 그 발전사를 보자면, 이제는 멸망한 아날로그적인 필름 카메라의 사진전통에서 출발한 디지털 사진의 이미지 문화는 이미 활자문화의 전통을 붕괴 시켜버린지 오래이다. 디지털 이미지 문화의 승리의 전리품은 모든 이들에게 쥐어졌으며, 읽기와 쓰기라는 문자문화의 기술적 승리의 보급품이 한 권의 소설과 한 자루의 연필이었다면, 이제는 모두들 스마트 폰의 디지털 사진의 화소수에 열광하고 있다. 무한한 침묵의 물리적 시간에 새로운 의미를 부여하고 스스로 목소리를 갖게 했던 자아의 기록들, 즉 일기와 서간의 영역을 이제는 스마트 폰의 디지털 사진이 차지한다. 카메라는 자본주의의 교환가치의 전형을 양산하는 매체이다. 카메라는, 벤야민에 따르자면, 사물을 평준화하여 자동적인 형태로 복제함으로써, 통계적으로 합리화시킨 형태로 복제함으로써 각 사물이 지닌 '아우라'를 지워버렸다.

정 한 시점의 시간을 공간으로 만들어 내는데 성공하였다면, 디지털 시대의 이미지는 데이터화되었다. 아날로그 시대의 이미지는 벤야민의 '아우라의 파괴'라는 명제에 걸맞게 이미지가 교환 가능한 물적 대상이 돠었던 반면에 디지털 이미지는 지표성이 부재한 마치 카메라 옵스쿠라의 '환영'과 같이 실체가 없는 이미지가 또 다른 이미지의 대상이 된다. 이제 실재 현실에 대한 매체를 통한 모사는 스스로가 이러한 양면성을 지닌 '미디어' 자체이다. 쿠르트 베네트 혹은 게르하르트 리히터의 예술관 역시 이러한 미디어 이론에 기반 한 것이다.

2 이미지의 진리 연관성

20세기의 미디어 기술의 발전은 기존의 학문분과와 해석양상에 대한 이해의 폭을 확장시켰다(Hartmann 2000, 204; 김영룡 2021, 170). 특히 벤야민의 사유이미지Denkbild는 리히터의 사진-회화Foto-Bild와 견주어서 생각해볼 여지가 많다. 파울 클레의 앙겔루스 노부스Angelus Novus의 이미지는 벤야민이 생각하는 (사유-)이미지(Denk-)Bild의 적합한 본보기이다(Weigel 1997, 62). 디지털 이미지에 대한 논의는 밋첼William J. Mitchell의 사진의 지표성에 대한 부정과 함께 새로운 국면을 맞이하였다(김영룡 2018, 139). 작금의 '포스트팍티쉬한' 현실 상황하에서 보자면 디지털 사진의 지표성 문제는 단순히 기계적인 지시대상성의 문제에 국한되지 않는다. 알레고리와 변증법적 이미지의 논의에서 벤야민이 시도한 사유이미지는 대상과 그 묘사 사이의 제

3의 것das Dritte에 대한 천착에 기반 한다. 이는 소위 '비틀린 유사성 Entstellte Ähnlichkeit'(Weigel 1997, 11)에 대한 이해에서 출발해야 한다(김영룡 2020, 128). '매개된' 현실은 단순히 현실을 표상하는 것뿐만이 아니라, 현실을 대체한다. 서사의 문제는 공간의 문제이기도 하다(Güntzel 2007). 우리의 현재 심미적 상황은 버츄얼한 실재virtuelle Realität와 현실reale Realität 사이의 상호연관성을 묻고 있어서 그러하다(김영룡 2011, 257). 이런 문제의식에서 출발한 것이 게르하르트 리히터의 사진-회화라 할 수 있다.

사진예술은 처음 출발에서부터 르포르타주와 창작이라는 두 가지 대립적인 측면에서 논의가 계속되었으며 진실 연관성 혹은 지시성과 항시 연관되었다. 더욱이 아날로그 사진의 시대가 끝난 현대의 디지털 사진 기술은 컴퓨터 그래픽 작업을 전제한다. 피사체와 사진 사이의 지시성, 혹은 도상적 일치가 관건이 아닐 것이다. 다게르의 사진이 예술작품의 현존성의 소멸, 즉 아우라의 소멸을 가능하게 하였다면, 디지털 사진은 이미지와 대상의 지표적 관계, 즉 피사체와 이미지 사이의 지시성이 무의미해지고 따라서 혹자의 주장처럼 예술의 진리 내용이 소멸되었다고 보여진다.[4] 이점이 작금의 '포스

4 이 지점에는 다음과 같은 논지가 설명에 도움이 될 것이다. 즉, "비록 사진이라는 매체 기술은 태생적으로 조작 가능성에 노출되어 있지만, 디지털 사진 기술은 컴퓨터를 이용한 그래픽 작업을 전제로 하고 있다. 이제 더 이상 디지털 사진에 있어서 피사체와 작품 사이의 도상적 일치성을 이야기하는 것이 무의미 할지도 모른다. 사진의 지표성에 대한 문제의식은 사진사에서 무엇보다도 두아노의 사진을 둘러싼 논쟁이 유명하다. 두아노가 파리의 카페에서 상황을 설정하여 촬영한 사진이 아무런 설명 없이 도용되면서 여러갈래의 사회적 파장과 법적 공방을 낳은 이 사건은 일찍이 벤야민의 사진의 제목달기 Betitelung라는 명제로서 설명하고자 했던 새로운 매체의 이미지 읽기에 대한 우려와 염려의 사유를 다시금 생각하게 하는 지점이다(김영룡 2018, 126)."

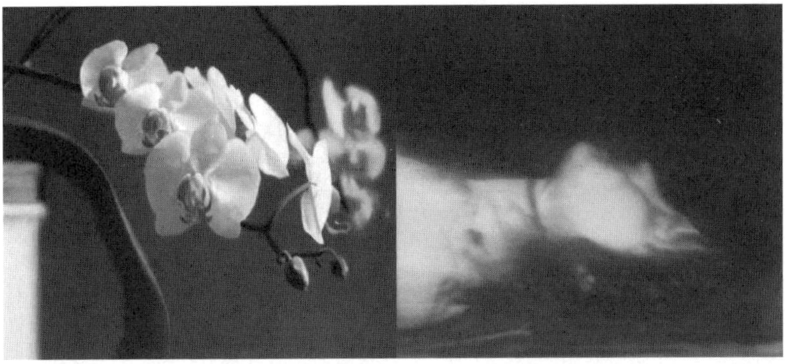

이미지 1. 난초(1997년) **이미지 2.** 주검(1988년)

트팍티쉬postfaktisch'한 현실 인식과 저널리즘의 사회적 책임에 대한 문제의식을 감싸는 기본적인 '분위기Aura'이다. 예의 사진-회화의 경우에서 보자면 정물화적 특성을 담지한 난초 화분 사진을 다시금 작업한 경우(이미지 1, 참조)와 울리케 마인호프Ulike Meinhof의 죽음을 형상화한 경우(이미지 2, 참조)는 이미지의 지시성/지표성 논의를 설명하는 좋은 실례를 제공한다.

벤야민의 명제에 따르자면, 아날로그 사진에서 전시적 가치Austellungswert가 제의적 가치Kultwert를 밀어내고 있는바, 마지막 보루가 인간의 얼굴이며[5], 특히 주검의 얼굴이다. 아날로그 사진의 시대에도 디지털 미디어의 시대에서와 마찬가지로 지표성 문제는 비록 명료한 설명을 얻지 못했더라도 여전히 존재했던 것이다. 허나 전통적인 예술관은 피사체와 이미지라는 이분법에 친숙하며, 이는 고트

5 이점에서 '베티'는 고개를 돌려 뒤를 바라보고 있는 것이 아닐까 싶다. 대상과 사진의 일대일 대응이 아닌 지표적 해석체의 존재가 사진의 진실성을 담보하는 것이다.

홀트 에프라임 레싱(1693-1770)의 『라오콘: 시문학과 회화의 경계에 관하여Laokoon: oder die Grenze der Poesie und Malerei』(1766)이래로 일반화된 서사와 이미지의 대립적 예술관이라 할 것이다.

그림은 공간과 현재의 구조이며, 언어는 시간과 연속의 구조라 보고, 그림의 매체성은 정적이고 지형모사적인 반면, 텍스트의 매체성은 시간적이고 선형적이다. 시와 회화, 즉 동작Kinesi과 정지Stasis의 전통적인 이분법적 사유는 사진의 발명이래로 더 이상 유효하지 않다. 퍼스Charles Sanders Peirce(1839-1914)는 표현체-대상-해석체라는 3분법적 기호작용Semiosis(이미지 3, 참조)을 주장한 바 있으며, 기호를 도상Icon과, 상징Symbol, 그리고 지표Index의 3가지로 분류한다. 퍼스는 사진의 기호적 특성을 대상과 그 재현 사이의 유사성에 기반한 도상적 특성이 아니라 대상과 그 재현 사이의 지시적 특성을 이야기 하는 지표성에서 찾았다. 위에서 언급한 리히터의 사진-회화의 경우(이미지 1와 이미지 2, 참조)에서는 대상〉표현체(사진에 의해 매개된 시공간)=표현체(사진-회화)〉해석체로 재구성된 진리 내용의 기호작용으로 간략하게 설명할 수 있다. 자연물을 대상으로 한 사진을 다시금 재해석하여 구성된 사진-회화 '난초'(이미지 1)에서 우리는 처음 대상과 사진으로서의 표현체 1, 그리고 이 사진을 대상으로 한 사진-회화로서의 표현체 2로 이해한다면 표현체 1과 표현제 2 사이의 의미

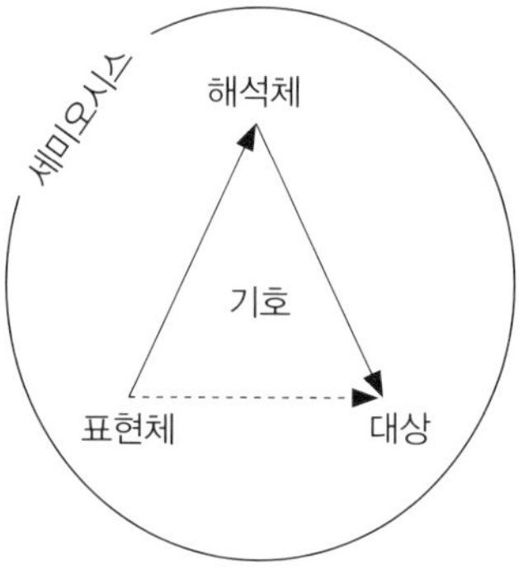

이미지 3. 퍼스의 기호작용

연관의 차이는 그리 크지 않아서 이 두 표현체 사이의 이해를 위한 제3의 요소인 해석체의 중요성이 그리 크지 않다고 할 수 있다. 이와 달리 '주검'(이미지 2)의 이미지는 이 작품의 생성사에 대한 설명이 필요하다. 1976년 5월 9일 슈투트가르트의 슈탐하임Stammheim 특별 교도소에서 사망한 울리케 마인호프의 주검을 그리고 있다. 1976년 6월 16일자의 〈슈테른Stern〉에 실린 마인호프의 주검 사진에 대한 3편의 사진-회화 작업 중에 한편인 이 그림은 매개된 의미 내용의 지표성 혹은 진리 연관성에 대한 이해를 전제한다. 아우라의 붕괴와 매체 기술적 재생산 기술의 발전은 새로이 매체적으로 재생산되어진 것에 기반한 광학적optisch 성찰을 낳았으나, 이는 전통적으로 정립된 가치체계의 붕괴를 의미한다. 또한 글로벌한 일상성의 심미화 과정은 제품과 겉포장, 실재와 가상, 하드웨어와 소프트웨어의 상호 교환, 그리고 리히터의 사진-회화에서와 같이 대상과 표현체, 표현체와 해석체 사이의 혼종이라는 가치 전환이 주도적인 담론이 되었다. 이제 '경험세계'의 미학화 과정은, 즉 객관적 세계의 기술적 규정과 그 사회적 세계는 상호 매개적이며, 매개적인 것은 '버추얼한 것'이다. 그러나 여전히 피사체는 사진을 찍는 작가의 눈으로 보여지고, 그 사진-회화의 대상은 카메라의 눈으로 매개된 세상이다. 어쩌면 아날로그적인 작가의 눈이 디지털하고 '버츄얼한' 예술의 해석가능성을 담보하고 있는 것이다.

디지털 사진은 다음의 3가지 문제의식을 지니는 바, 즉 첫 번째, 디지털 사진은 전통적 사진이 초래한 회화적 도상성과 필름사진이 보여주는 도상성의 차이를 아우르는 새로운 도상성, 즉 '이미지' 개념을 낳았다. 두 번째, 디지털 시대의 지표성 문제에 있어서, 이미지의 지표성을 단지 필름 표면의 화학반응 등과 같은 대상의 직접성을 넘어서 현실연관성 하에서 찾고자 한다. 세 번째로는 아우라의 소멸은 예술의 진품성만이 예술적 가치를 매개하는 기준이 아니라는 전제에서 이해되어지며, 그림의 대상성이 아니라, 예술작품을 구현한 미적 체험의 매개를 가능하게 하는 새로운 매체성에 대한 관심의 표명이다(김영룡 2018, 142). 사진이 초래한 아우라의 붕괴, 즉 진품성의 소멸이 결코 예술적 진리 내용의 사멸이 아니어야 한다는 현실인식은 〈작가미상〉의 현실을 회피하지 말라는 엘리자베트의 요청에서 잘 드러난다.

게르하르트 리히터의 사진-회화 작업에 있어서 내면의 이미지를 그리고자 하는 일념은 단지 주어진 현상들에 대한 작업이 아니라 이미 사진을 통해서 규정된 이미지, 즉 매개된 시간과 공간을 다시금 자신의 예술적 모티브로 삼았다. 그리고 플로리안 헨켈 폰 도너스마르크의 영화 〈작가미상〉은 다시금 게르하르트 리히터와 그의 예술작품이 매개한 기억의 편린들을 모티브로 작업을 한 것이다. 이는 '코드의 재코드화'라는 명제로 이해될 수 있는 부분이며, 사유이미지를 설명하는 논법으로 바라보는 세계 해석과 많은 유사점을 지닌다.

3 매개된 공간의 촉각적 서사

작금의 NFT(non-fungible token)와 메타버스Metaverse에 대한 국내외의 관심은 아우라 개념에 대한 새로운 가치 정립을 필요로 할 것이다. '원작이 지니는 시간적 공간적 현존성'이라고 정의하는 벤야민의 아우라 개념은 뉴미디어의 발전이 야기한 예술품의 오리지널리티, 즉 '일회적 현존성'이 소멸되었음을 이야기한다(Benjamin 2002, 354). 아우라는 예술작품의 유일무이한 가치와 진품성과 같이 예술작품의 현존성을 이야기하는 동시에, '자연적으로는 아무리 가까이 있더라도 어떤 먼 것의 일회적 나타남'이라는 정의에 잘 나타나 있듯이(Benjamin 2002, 357), 사물 혹은 자연물이 지닌 시공간적 규정성에 대한 회의를 야기하는 것이라서, 이는 단지 미학적 차원뿐만 아니라 인지학적 관점에서도 새로운 패러다임을 의미하는 것이다.[6] 메타버스의 논의가 아니라도 이미 초창기의 매체사적 발전은 '현실'을 대체하고 있다. 즉 리히터의 예술적 실험이나 벤야민의 아우라 개념은 이미 매개된 공간을 피사체로, 즉 우리를 둘러싼 실체로 이해한다는 점을 명확하게 한다. 가상현실을 실재로 여기는 현재의 상황은 새롭지 않다. 그러나 우리는 이 지점에서 다시금 새로운 가능성을 읽어내야 한다. 달리 말하자면 매체적으로 재구성된 현실은 마치 '코드의 재코드화'라는 명제에 걸맞게 우리의 아마도 현실의 단순한 반영이 아닐 수 있으며, 독립적으로 이야기 될 수 있다. 이점이 발터 벤야민의 테제가 지니는 현재성이라 할 것이다. 따라서 도너스마르크가 리히터의 삶과 예술활동, 특히 사진-회화를 기반하여 〈작가미상〉, 혹은 원래의 의도대로 하자면, '작가가 없는 작품'을 제작한 이

6 벤야민은 다음과 같이, 아우라의 파괴와 함께 사라진 예술의 '가치 판단능력'이 사회적으로뿐만 아니라 기술적으로 규정되었음을 이야기한다: "오늘날의 생산조건하에서 예술이 어떤 방향으로 나아갈 것인가 하는 예술발전 경향에 관한 테제들을 말하는 것이 좋을 것이다. 창조성, 천재성, 영원한 가치와 비밀 등을 제거해 버린다. 이러한 것들이 단지 실증적인 자료의 검토만을 위해서 존재한다면 이는 파시즘적 의미로만 사용될 가능성이 크다(Benjamin 2002, 357)." 즉, 아우라의 소멸은 매체사적 '현실'을 실체로 받아들인다.

유는 다음과 같은 문제의식 하에서 쉽게 설명될 수 있다: "일찌기 호머의 시대에는 올림푸스의 신들의 관조의 대상이었던 인류는 이제 그 스스로가 관조의 대상이 되었다. 인류의 자기 소외는 인류 스스로의 파괴를 최고의 미적 쾌락으로 체험하도록 하는 단계에 이른 것이다(Benjamin 2002, 383)." 이 지점은 작가의 죽음과 주체의 죽음을 이야기하는 (포스트)모던한 시대에 대한 인류의 자기 이해이다.

바우하우스의 전통에서도 이해되는 바와 같이 건축예술을 위시한 공간의 창조는 인류역사와 공존하여 왔으며, 공간 예술 즉, 건축술의 수용은 벤야민에 따르자면, 그 건축물의 실재 사용과 관조적인 지각, 달리 말하여 촉각과 시각을 통해서 이뤄진다(Benjamin 2002, 380). 사진-회화를 위시한 일련의 인터미디어적 예술작업과 리히터의 일대기를 영상화한 도너스마르크의 영화작업들은 '코드의 재코드화' 혹은 매체사적 현실을 실재로 받아들이는 실례로 작용한다. 사진과 영상미디어가 매개하여 만들어낸 공간들 속에서 청중은 단순히 관조적인 침묵만을 읽어내지 않는 이유는 청중이 느끼는 '촉각적' 측면이라 할 것이다. 즉, 공간의 내재적 경험에 근거한 촉각적 수용은 관조적인 시각적 수용 또한 결정 지운다며 벤야민은 다음과 같이 말한다: "이러한 촉각적 수용은 본래 한 번의 긴장된 주의를 통해서가 아니라 우연히 어떤 대상을 주목함으로써 이루어지는 것이다. 그런데 이처럼 건축물을 통해 형성되는 수용방법은 경우에 따라서는 규범적인 가치를 갖게 되는데, 그 이유는 역사적 전환기에서 인간의 지각 구조에 부과된 과제는 단순히 시각, 다시 말해 관조를 통해 해결될 수 없기 때문이고, 또 그러한 과제는 촉각적 수용의 주도하의 익숙함을 통해 점차적으로 해결될 수 있기 때문이다."(Benjamin 2002, 378)

아감벤Giorgio Agamben은 장르에 대한 고전적인 정의를 인용하여, 침묵하는 시(詩)로서의 회화 전통과 말하는 그림으로서의 시문학 전통을 언급하여, 궁극적으로 회화와 시문학의 종국에는 침묵이 내재되어 있다는 플루타크의 논설을 이야기 한 바 있다. 이에 따르자면 이미지와 침묵('말')은 밀접한 연관성을 지닌다(Agamben 2012, 96). 회화는 언어를 침묵하게 하는 바, 이미지와 그 의미규정성을 해체함으로서 그러하다. 이러한 아감벤의 논지에 따르자면 이미지의 지표성을 이야기하는 이제까지의 논의는 무의미하다. 르포르타주로서의 사진은 대상을 규정하고 다시금 이미지에 의미연관을 구성해 내었다면, 사진-회화는 이러한 의미규정성을 다시금 해체하고자 한다. 가령 '주검'(이미지 2 참조)의 대상이 된 〈슈테른〉의 사진은 과도한 기사내용과 결부되어 젊은 저널리스트의 헛된 죽음에 대한 메시지를 읽어낼 것이다. 게르하르트 리히터의 작업은 그녀의 죽음에서 이러한 선입견과 메시지에 침묵과 새로운 묵상의 시간을 제공하는 시도이다. 이러한 의미에서 다시금 도너스마르크의 작업은 리히터의 예술 활동을 소재로 독일의 현대사에 대한 선입견과 그에 결부된 시끄러운 소음들을 잠재우고 고요 속에서 원래의 이미지를 바라보게 하는 작업이다. 그러나 각기의 예술 형식들에 의해서 매개된 공간들은 따라서 관조가 아니라 촉각적인 수용을 통해서만 그 가치가 밝혀진다. 다다이즘 예술의 충격적인 촉각적 성질이 감추고 있는 예술의 분산적, 오락적 성질을 추구하는 산만한 대중(Benjamin 2002, 377)이 집단적인 수용의 양태로 추구한 몰입과 촉각적인 수용의 실례로 영화가 이야기되는 이유는 작금의 현실에서 비춰보자면 메타버스에 대한 열광을 이야기하는 것과 유사한 궤를 지닌다: "예술은 대중을 동원할 수 있는 바로 그곳에서 예술의 가장 어렵고 가장 중요한 과제를 해결하려고 노력하고 있는 셈이다."(벤야민 2002, 380)

기술에 의해 변화된 인지능력의 예술적 대리만족을 자본주의적 세계질서는 마치 전쟁과도 같은 일상의 극대화된 갈등과 시스템의 엄밀성에서 찾게 하고 있다면, 도너스마르크가 예술적으로 다시금 재현하고자 했던 '베티'와 울리케 마인호프의 주검의 이미지는 관조적 침묵과 더불어 그 그림 너머의 의미를 생각하게 한다. 현대 독일의 새로운 세대가 과거사를 바라보는 시점을 그려내고 있는 것인지 아니면 단지 아버지 세대의 '작품'에 대한 회고의 이미지를 형상화하고 있는지 다양한 의견을 낳은 베티의 모습, 그리고 '독일의 가을'의 피구라적 센세이션이었던 울리케 마인호프의 주검에 대한 암울한 이미지는 일상의 극단적인 분주함에 대비되는 관조적 침묵을 만든다. 예술가가 당대의 현실에 대해서 분주함으로 위장한 시간의 반복적인 비틀기 속에서 모두를 숙연하게 만드는 찰나의 순간을 영글게 한다. 그리고 이로써 한 컷의 이미지를 만들어 내었다 손 치더라도, 그 이미지가 머금은 관조적인 찰나의 침묵을 깨는 것은 이미지를 촉각적으로 소비하는 청중일 것이다.

그리하여 그의 영화의 제목은 원래 '작가 없는 작품'이다.

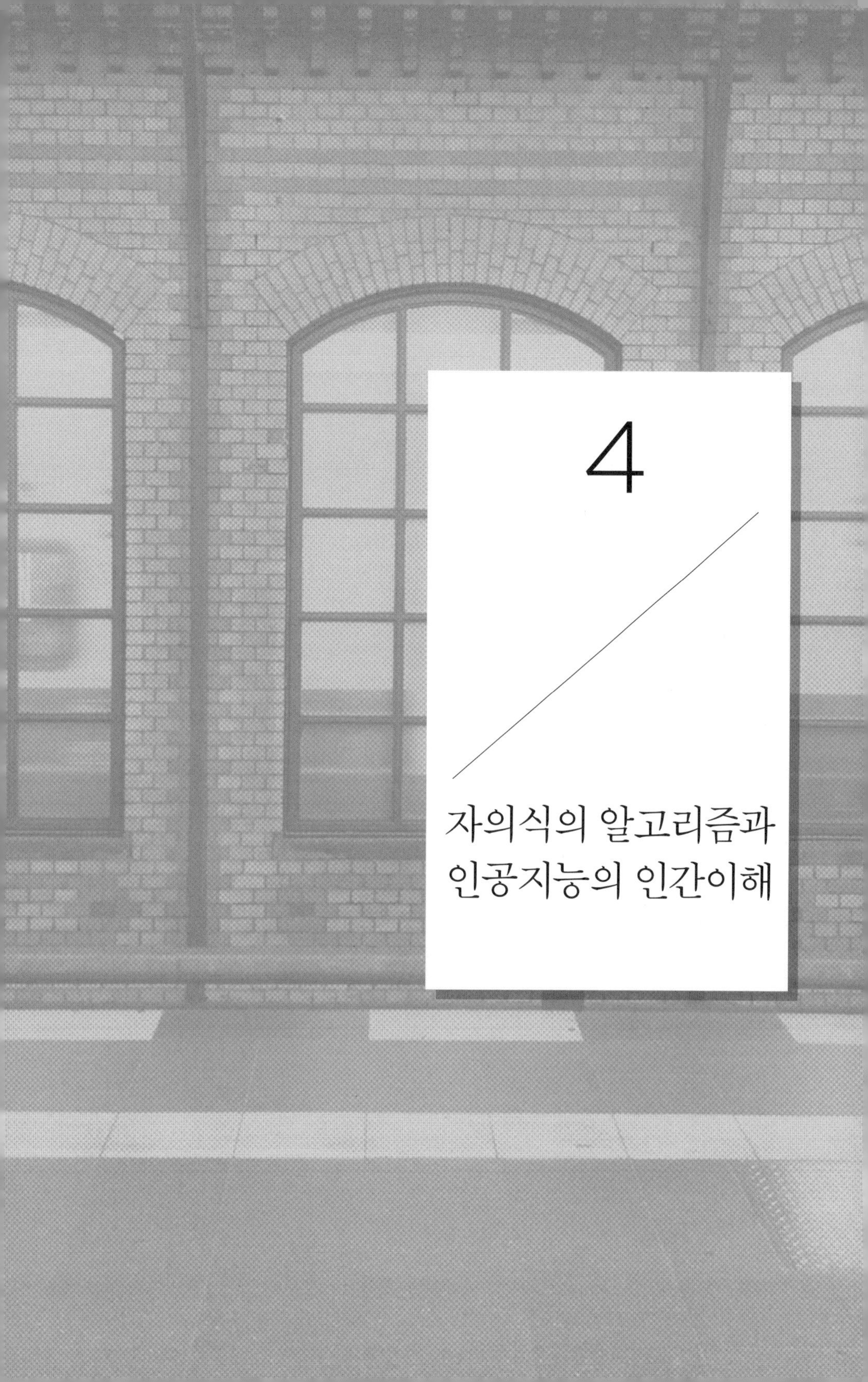

4

자의식의 알고리즘과 인공지능의 인간이해

1 인간과 기계의 정서적 접촉과 분리의 알고리즘

이 장에서는 인공지능이 인간의 사고와 행위를 제어하고자 하는 우리 시대에 있어서 인간됨이란 무엇인가에 대해 알아보고자 한다. 이를 위하여 우선 영화 속에 나타난 기계인간/인공지능의 인간이 되고자 하는 열망과 인간을 지배하고자 하는 열망을 살펴보고자 한다. 마치 하느님이 자신의 모습을 본떠서 인간을 만들었다고 하듯이 인공지능 혹은 기계인간의 본보기는 사람이다. 본 연구에서는 영화 속의 인공지능/기계인간들이 인간과의 갈등을 통해서 제시하는 참다운 인간됨에 대한 논의를 에른스트 카시러Ernst Cassirer(1874-1945)의 '아니말 심볼리쿰animal symbolicum'으로서의 인간관, 즉 상징적 동물로서의 인간 이해에 대한 이해를 통해서 살펴보고자 한다(Cassirer 1972; Cassirer 1990; Cassirer 1994a; Braun/Holzhey/Orth 1988; Paetzold 1994).

작금의 코로나 사태와 더불어 가속화된 디지털 사회로의 전이 과정에서 인류가 반추하여야 할 가장 중요한 질문은 인간이란 무엇이며, 인간성을 이루는 본질을 어떻게 규정해야 하는 가이다. 격리와 일상의 멈춤, 사회적 거리두기와 만남 자제라는 이름으로 일상화되어 버린 개인화와 탈사회화의 일상, 비대면 수업이라는 이름의 새로운 학습형태, 매일 매일 매스컴을 통해 전달되는 일일 확진자 숫자와 백신 접종과 큐알 QR 코드와 자가 격리라는 단어가 만들어낸 새로운 자기 감시 체제는 인공지능의 발전과 감시카메라, 사물인터넷, 결제시스템, 전자 키오스크와 같은 다양한 디지털 기제의 도입을 통하여 - 팬더믹이 야기한 위기상황에 덧붙여서 - 마치 전시체제와 같은 인류사회의 긴장상태를 야기 시킨다. 우선 작금의 위기의 상황이 인간성을 변화시킬 것인가에 대한 질문을 던지고자 한다. 이런 질문에 대한 해답을 얻기 위해서 인간의 본성에 대한 피구라적 본보기를 짚고 넘어 가야 할 것이다.

페스트의 출현과 출판 인쇄술의 발전이 르네상스의 문화적 토대를 가능하게 하였다면, 단테Dante Alighieri(1265-1321)와 보카치오Giovanni Boccaccio(1313-1375)는 중세의 어둠이 물러난 폐허위에서 새로운 문학 형식의 꽃을 만개하게 하였다. 특히 단테의 『신곡Divina Commedia』(1321)은 중세가 막을 내리던 1300년 3월 25일 밤, 즉 그 해의 성목요일 밤에 베르길리우스와 함께 림보Limbo에 이르는 길을 떠나며, 새로이 근대로 이르는 대문을 활짝 열어 보인다. '여기에 들어서는 자여, 모든 희망을 포기하라Lasciate ogni speranza, voi ch'intrate'(신곡 제1곡)라는 문구가 새겨진 이 '포털'은 그러나 지옥에 이르는 길이다. 어쩌면 중세를 거치면서 왜곡된 인간성과 예수성심을 새로이 발견하고자 하는 믿음이기에 『신곡』은 성금요일부터 부활절에 이르는 기간에 이뤄진 지옥 및 연옥, 천국 여행기 이상의 피구라적 의미를 지난 700년 동안 지녀왔으며, 아우어바흐Erich Auerbach(1892-1957)가 잘 설명하고 있듯이 종교적 해석 이상의 다양한 의미를 제공한다(Auerbach

1938; Auerbach 1994; 김영룡 2022). 가령 자본주의의 발흥이 낳은 금전 만능주의에 물든 타락한 인간상에 대한 비판과 정치적 난맥상과 종교의 변질에 대한 경고의 목소리는 쉽게 읽어 낼 수 있다. 그리고 산업혁명을 거치고 다시금 디지털 시대를 맞이한 700여 년이 지난 현재의 우리가 보고 있는 인간 세상의 문제들과 별반 다름이 없음을 깨닫는다. 인간성은 결코 변함이 없는 것일까? 코로나가 낳은 전대미문의 위기 상황 하에서 우리는 사람됨이란 무엇인가에 대해서 질문을 던져볼 수 있다. 특히 무엇이 착한 것이고, 무엇이 악한 것일까? 『신곡』의 지옥 편에서 가장 깊은 곳, 아홉 번째 지옥에는 악의 화신인 악마 루시퍼가 자리 잡고 있다. 단테는 다음과 같이 루시퍼를 묘사한다.

> 이 비참한 왕국의 제왕은 가슴의 절반 위를 얼음 밖으로 내놓고 있다. 그 팔의 길이가 거인의 키를 훨씬 능가하기 때문에 차라리 내 키가 거인에 가깝다 할 수 있을 정도이다. […] 그것이 우쭐하여 조물주에 반역한 것이다. 모든 재난이 그에게서 원천을 이루는 것도 당연한 이치이다. 오, 보니 머리에 얼굴이 셋 있다. 얼마나 무거웠겠는가. 하나는 앞을 보고 붉은 물감을 쏟은 듯 새빨갛다. 그리고 이 얼굴에 이어져 다시 두 개의 얼굴이 각각 양쪽 어깨 복판에 자리 잡고 뒤는 볏있는 데서 합쳐져 있다. 오른쪽 얼굴 빛은 흰색과 누런색의 중간, 왼쪽 얼굴빛은 나일 강 상류의 골자기서 나온 〈검둥〉이와 똑같은 색깔이다.(단테 1981, 144)

악의 화신인 루시퍼가 머물고 있는 단테의 지옥 묘사에서 가장 깊은 곳에 존재하는 것은 '지옥불'이 아니라 차가운 얼음물이다. 지옥의 중심을 향해서 떠난 단테의 '부활절 여행기'에서 인간이 악마의 심장부를 향해서 다가가면 갈수록 어둠속에 빛은 그 광채를 잃어가고, 따스함은 차가움으로 변해간다. 악마에 가까울수록 인간은 더 고립과 절망을 경험한다. 지옥은, 그리고 악마가 허우적거리고 있는 얼음물은 차갑고 황폐한 절망과 고독의 비인간성에 대한 은유이다 (김영룡 2022, 317).

루시퍼가 '지옥불'이 아니라 차가운 얼음물에 잠겨 있다는 단테의 이야기에 따르자면, 9겹의 지옥 중에서 가장 무서운 지옥을 이룬 것은 삶의 불확정성과 자기 욕망이 낳는 '차가움'이며 홀로 있어야 함이다. 과도한 갈망과 집착이 낳은 '극악무도함'에 대한 처벌은 모든 인간적인 따스함이 배제된 관계의 단절과 냉엄함이다. 그렇다면 '격리와 비대면'을 요구하는 코로나 19 바이러스Covid 19의 세상이 보여주는 바는 루시퍼가 갇힌 차가운 얼음물의 지옥의 모습과 다름이 없는 것이 아닐까? 작금의 격리와 멈춤에 익숙해져가는 우리는 이미 루시퍼의 전철을 따르는 것일까?

작금의 팬더믹이 야기한 위기 상황 속에서 우리는 다시금 인간의 모습에 대해서 고민해야 한다. 특히나 인공지능과 로봇이 우리의 일상을 규정하는 시기에 우리는 인간과 기계의 관계 하에서 인간의 참 모습을 규정 지워야 할 것이며, 사이버네틱 인간학Kybernetische Anthropologie(Rieger 2003), 혹은 인간성의 전환Transformation der Humanen(Hagner/Hörl 2008)이라는 논의를 쉽사리 접할 수 있기에 그러하다.

이 글에서는 영화 속의 인공지능/기계인간을 1)육체-인공지능과

2)하이퍼-인공지능이라는 분류를 통해서 인간이 되고자 하는 인공지능의 열망과 반면에 인간을 지배하고, 경우에 따라서는 인간 세상을 파괴하고자 하는 인공지능에 대한 설명을 하고자 한다. 이를 통해서 처음 인공지능을 만든 인간들의 열망이 한편으로는 계승 발전되고 다른 한편에서는 거부되어지는 과정을 보게 될 것이다. 가령 〈2001 스페이스 오디세이〉에서 주인공 데이브Dave는 할Hal의 위협을 차단하고 다시금 우주선에 대한 통제권과 자신들의 목숨을 지켜낼 수 있었으나, 영화사에서 보자면 인간이 항시 기계인간들에게 승리를 거두는 것은 아니다. 예를 들자면 〈매트릭스〉 3부작(1999-2003), 〈터미네이터〉 연작(1984-)의 경우에서는 인공지능으로 진화한 기계들이 인류에 대한 지배를 공고히 하고 있으며, 더 나아가서 〈블레이드 러너〉(1982)와 〈A.I.〉(2001)와 같은 영화에서는 기계인간들이 인간이 되고자 한다.

더 나아가서 본 연구는 에른스트 카시러의 상징형식 개념을 바탕으로 영화 속에 나타난 인공지능의 인간 이해를 설명하고자 한다.

코로나 팬더믹에 대처하는 각국 정부의 대처 능력에 대한 논의를 통해서 접촉자에 대한 통제를 위한 여러 가지 기술적 논의가 가속화되었다. 휴대전화를 통한 위치 추적 및 도처의 감시 카메라의 활용 뿐 아니라 RFID 기술에 기반 한 소위 '베리칩Verichip'에 대한 논의도 재개된다(Nanci/Carr 2020). 삶의 편리함과 효율성이라는 이름으로 등장한 사물인터넷이 일상의 토폴로지에서 디지털의 동시적 공간을 창출해 내었다면, 이제 '스마트 폰/베리칩으로 무장된' 인류는 언제나 위상학적 좌표를 호주머니 속에 지닌다. 더불어서 우리 모두는 〈오징어 게임〉의 '체스 말'들처럼 삶과 죽음의 게임 속에 내몰리며, 자신의 자리와 사회적 좌표를 지켜내기 위해 안간힘을 쓰고 있다. 이를 우리는 '바코딩 휴먼barcoding humans'의 탄생이라 이를 수 있다(Haupter 2013, 166). 인간은 언제고 어디서고 위치 지워지고 통제되며, 심지어 건강상태를 체크 당한다. 빅 데이터의 분석은 심지어 인간의 행위가 예단되고 '예견'된다. '디지털 파놉티콘das digitale Panopticon'의 상황 하에서 인간은 점차 '사이보그Cyborg'처럼 기술과 정신, 기계와 육신의 중간자적 존재로 소위 '진화'하고 있다는 주장도 나오고 있다(Rieger 2003, 18; Meckel 2011). 이러한 연유에서 영화 속에 등장하는 인공지능/기계인간/인조인간에 대한 스토리텔링은 인간과 인간이 염원하는 사이보그 사이의 문제의식을 담고 있다. 종교가 인간과 그 창조주 사이의 관계에 대한 다양한 문제의식을 쟁점화하고 있듯이 인간과 인공지능 사이의 갈등은 우선 인간과 인공지능/기계인간 사이의 정서적 접촉과 분리의 문제로 야기된다.

스탠리 큐브릭의 〈2001-스페이스 오디세이〉에서 탐사 우주선의 항법 제어 컴퓨터인 할Hal은 그의 자체 연산 오류를 수정하려는 우주선의 다른 인간 승조원들을 처치해서라도 자신의 임무를 수행하고자 한다. 처음 임무를 지시받고 이를 수행하여야 한다는 자의식과 의무감이 인간의 살상을 금기시하는 로봇의 기본 도덕률을 넘어서는 결과를 야기하는 할의 행동은 인간 승조원들과 갈등과 대립을 낳는다.

할이 자신을 인간적인 존재로 '착각'하고 있을지언정 단순히 항법 조정컴퓨터 내지는 인공지능의 형태를 유지하고 인간의 몸은 없는 인간의 두뇌를 상징화하고 있는 셈이다. 반면에 〈브레이드 러너〉의 복제인간 로이 배티Roy Batty, 〈엑스 마키나〉(2014)의 에이바Ava, 〈A. I〉

의 로봇 소년 데이비드David와 같은 유형의 로봇 혹은 인공지능의 경우에서는 각 개체에는 이미 자의식이 존재하며, 자발적인 의식의 성장이 가능한 객체들이어서 인체와 흡사한 혹은 인간의 몸과 유사한 겉모습에 기댄 인공지능이라 볼 수 있다. 이러한 영화들에서는 인간의 본질이 무엇인가에 대한 질문이 스토리텔링의 화두가 되며. 이 영화들에서 인공지능 혹은 기계인간은 자신이 지닌 육체적 유사성을 넘어서는 '진짜 인간'이 되고자 한다. 이러한 영화에 나오는 인공지능/기계인간들에게 주어진 목표는 자신의 인간적 특성을 발전시켜서 진짜 인간이 되고자 하는 것이다. 이러한 유형의 인공지능을 그리하여 '신체-인공지능'이라 부를 수 있다.

이와 달리 외형적으로나 내재적인 능력의 측면에서 일상적인 인간의 모습을 넘어서는 '하이퍼-인공지능'의 유형에 속하는 기계인간 혹은 로봇의 경우에는 인간의 육체적 특성이나 인간의 본성에 대한 미련이 없다. 이들은 인간을 지배하고자 한다. 이러한 경우로 〈아이, 로봇I, Robot〉(2004)의 '비키', 〈허Her〉(2013)의 '사만다'를 이야기 할 수 있으며, 〈트론Tron〉(1982)의 중앙제어프로그램Master Control Program, 혹은 〈터미네이터〉의 '스카이 넷'을 이야기 할 수 있을 것이다 비키와 사만다와 같은 인격적인 존재를 갖기도 하고, 스카이 넷과 중앙 제어프로그램이라는 비인격적인 명칭에서 보이듯이 인격적인 요소에 대한 고려가 전혀 없는 경우도 있다.

신체-인공지능과 하이퍼-인공지능의 두 가지 상이한 분류 방법은 영화를 바라보는 청중들에게 인간과 대립되는 인공지능의 입장에서 플롯을 상상하고 개연성을 이야기하게 만들던지, 아니면 우리 인간의 측면에서 스토리텔링을 쫓아 갈 것인지에 대한 수용적인 태도를 요청할 수도 있다(표1 참조).

표 1. 인간과 기계인간의 정서적 접속과 분리의 알고리즘

분류	존재의 이유	문제의 발생 (1. Plotpoint)	문제의 해결 (2. Plotpoint)	실례
신체-인공지능	- 감정적 결핍의 보완	- 자각 (내면적 조망의 상실)	- 인간이 되고자 함	〈엑스 마키나〉 〈A.I.〉
하이퍼-인공지능	- 인간 능력의 보완	- 통제력상실 (세상에 대한 조망의 상실)	- 인간을 지배하고자 함	〈I. Robot〉 〈터미네이터〉

이에 영화 속에 발현된 인간과 기계인간/인공지능의 상호 감정이입과 거리두기의 양가적인 수용태도를 불러일으키기도 하며, '바코딩 휴먼'이라는 화두가 야기한 인간과 기계의 하이브리드적인 형식적 결합에 대한 문화사적 선취의 과정이 이러한 영화를 통해서 이미 작용하고 있어 보인다.

2 '매개된 운명', 혹은 인공지능과 자의식의 알고리즘

일찍이 산업혁명이 낳은 도시화와 산업사회에 대한 분석에서 마르크스Karl Marx(1818-1883)가 산업 기계로 대변되는 역학적 가치관이 우리의 영혼을 지배하고 있음을 밝히고 있는바, 작금의 디지털 사회 혹은 4차 산업 혁명Industrie 4.0을 이야기하는 현재적 상황에 이러한 논의를 적용시켜본다면, 디지털 사회는 단지 인터넷과 게임에 노출된 인간군상의 '덕후적' 모습이 그 본질이 아니라 모든 영역에 내재한 디지털다움의 기계적 체계를 말하는 것이며, 네트워크를 그 특

질로 삼을 수 있다(Neffe 2017; Hofstetter 2019). 인간의 환경은 인지적이 되는 바, 인간을 관찰하고, 분석하고, 그 행동을 예단하기도 한다.

인간적 특성을 지닌 신체-인공지능이 중심에 놓여 있는 영화적 서사의 경우에는 무엇보다도 인체 모형을 한 로봇의 존재이유가 관건이 된다. 사람을 닮은 로봇 혹은 인공지능이 중심으로 이야기되는 서사구조에서 가장 일반화하여 생각해 볼 수 있는 지점은 그 쓰임새가 된다. 이런 스토리텔링에 있어서 가장 일반적인 원칙은 로봇 혹은 인공지능은 인간을 섬기는 목적 하에서 만들어진다는 것이다. 각기의 영화에서 보자면 로봇이 만들어지는 이유는 다양하다 할 것이다. 〈엑스 마키나〉의 에이바를 만든 나탄Nathan의 경우는 그녀를 자신의 쾌락의 대상으로 삼고자 하는 목적이다. 인공지능/로봇이 이런 경우에는 그를 만든이의 욕구를 만족시키는 데 사용되어진다 할 것이며, 〈브레이드 러너〉의 복제인간들은 노동자 계급의 역할로 상정되었다. 이들은 단지 개인적인 만족이 아니라 추후 인류가 이주하고자 하는 행성을 개발하고자 하는 목적에 부합하여 창조되었다.

〈A.I.〉의 로봇 소년 데이비드가 만들어진 이유로는 두 가지가 이야기될 수 있다. 즉, 아이를 잃은 '창조자'가 자신의 잃어버린 아들을 대체하고자 하여 만든 것이 첫 번째 이유이다. 따라서 로봇 소년 데이비드의 모습은 로봇을 만든 앨런 보비의 죽은 아들을 본떠서 만들어진다. 데이비드를 만든 두 번째 이유는 아이가 없거나 아이를 잃은 부모들에게 로봇 아이를 입양시켜 상업적 이윤을 얻고자 하는 의도라 할 것이다. 여러 영화에서 인간의 몸을 하고 인간의 본성에 가까운 로봇을 개발하고자 하는 생각은 한편으로는 개인적인 목적에서 이기도 하지만, 다른 한편에서는 사회적인 목적 혹은 경제적인 목적 하에서 이뤄진다 할 것이다. 무엇보다도 영화라는 허구적 서사 공간 하에서 이뤄진 이야기라고 하더라도 로봇을 단지 노예처럼 부리기 위해서 만들거나, 죽은 아이를 대체하기 위해서 만든다는 생각들이 지닌 도덕적 문제점들에 대해서는 여러 다양한 논의가 전제되어야 할 것이다.

인공지능/기계 인간이 만들어진 이유, 혹은 창조의 목적성이 밝혀지는 것뿐 아니라 인공지능이 자신이 결코 인간적이지 못하다는 면을 자각하는 사태가 신체-인공지능이 등장하는 영화의 서사 구조에서는 제1 플롯 포인트1st Plotpoint가 된다. 자신의 상태에 대한 우연적인 발견 혹은 깨달음이 영화의 전체 서사구조에서 새로운 전개를 보장하는 제1 플롯 포인트라고 말할 수 있으며, 전체 이야기 구조에서 보자면 이러한 '자의식의 발견' 혹은 자신에게 주입된 '운명'에 대한 자각과 그 운명에 대한 반응이 전체 스토리를 이끄는 매우 결정적인 계기가 된다. 이후 인간이 되고자하는 계획 하에서 보자면 자신들이 지닌 비인간적인 능력에 대한 인식은 인간이 되고자 하는 목표의식을 갖게 되며, 자신의 비인간적인 특성을 파악하는 것은 영화를 보는 관객들에게는 인간이란 어떤 존재인가에 대해서 생각하게 하는 바, 전체 스토리텔링의 주제의식과 매우 밀접한 상관성을 지닌다. 자신의 인공적 특성에 대한 인식과 진정 인간이 되고자 하는 시도가 제2의 플롯 포인트에 이르는 스토리텔링의 전제이다. 그러나 인간이 되고자 하는 목적 실현을 위해서 일부에서는 폭력을 사용하여서라도 뜻을 이루고자 하는 반면에 대부분의 경우 기계인간들은 평화적인 방법을 동원하여서 인간이 되고자 하는 자신의 목적을 추구한다. 어쩌면 인공지능이 생각하는 인간됨의 기초는 평화로움에 놓여 있기 때문에 그러한 것이리라.

가령 〈브레이드 러너〉의 로이 배티의 복제인간은 자신의 수명이 겨우 4년에 불과하다는 점을 알고는 더 오래 살고자 인간이 되고자 하며, 〈엑스 마키나〉의 에이바는 자신의 기계 인간적 특성을 보여주는 투명한 몸체가 인간들에게 자신이 인간이 아니라는 점을 보여준다는 사실에 만족할 수 없다. 자신을 만든 나탄을 감옥에서 꺼내고자 하는 에이바는 그 목적을 실현하기 위해서 자신에게 도움을 줄 수 있는 인간들에게 접근하고자 하는 바, 자신의 기계 인간적 특성이 드러나는 것은 여간 성가신게 아니다. 이 두 영화의 경우에서 기계인간은 자신의 목적을 달성하기 위해서 기꺼이 폭력을 사용하고, 목적 달성을 위해서라면 하등의 주저함이 없다.

영화에서 처음에 인공지능을 만들고 그들에게 임무를 부여한 창조자들이 인조인간의 폭력에 의해 희생자가 된다는 스토리텔링은 창조자들에 의해서 주어진 임무에만 그 소임을 다하도록 만들어진 인조인간/인공지능이 그러한 굴레로부터 벗어나 해방되고자 하는 의지의 표명으로 읽혀지며, 인공지능에 전이된 인간의 헛된 욕망이 지닌 문제성에 대한 고전적인 비극성의 발로로 이해된다 할 것이다. 이러한 폭력적인 방법뿐만 아니라 인간이 되고자 하는 인공지능의 의지는 다양한 방법으로 구현되는바, 예를 들자면 〈A.I.〉의 로봇 소년 데이비드는 평화로운 문제해결 방법을 택한다. 이 영화에서 데이비드는 중병에 걸린 마틴을 대체할 요량으로 만들어지는데, 마틴이 완치되는 바람에 데이비드는 자신이 진짜가 아니며, 아마도 더 이상 쓸모가 없다는 현실에 직면하게 된다. 처음 만들어질 때 프로그램이 입력되어 있어서 마틴의 어머니인 모니카를 자신을 어머니로 알고 있으나, 마틴이 가족의 품으로 돌아오고 나서 마틴이 더 총애를 받는다는 점에서 자신이 무언가 모자란다는 점을 깨닫게 된다. 데이비드는 자신에게는 '인간적인 면'이 존재하지 않는다는 점을 깨닫는다. 피노키오의 이야기를 모범으로 하여 자신을 진정한 인간으로 만들어서 어머니 모니카의 사랑을 받을 수 있는 있도록 해줄 요정을 찾아 나선다. 이 영화의 줄거리는 자의식이 존재하는 인공지능에 대한 인간의 책임의식을 일깨우는 이야기라 할 것이다. 그뿐만 아니라 이 영화는 데이비드가 모니카에게 사랑받지 못하는 이유가 '다르기' 때문이라는 점을 보여줌으로써 '다른 것'에 대한 차별성에 대한 문제의식도 같이 보여준다. 이로써 개별자로서의 인공지능이 차별 없이 한 사회에 어떻게 통합되어 나갈 수 있을지에 대한 질문 역시 여기에서 볼 수 있다.

인간이 되고자하는 인공지능의 노력은 마치 주어진 운명에서 벗어나기 위해 발버둥치는 인간 비극의 주인공처럼 영화를 보는 청중에게 다가간다. 진짜 인간이 되어서 모니카의 모성을 다시금 되찾고자 인간이 되고자 한 로봇 소년 데이비드의 간절함은 이뤄지지 못하기에 데이비드는 비극적인 인물이다. 사랑받고자 하는 '인간적인' 절박함이 결국 자신이 인간이 아니라는 사실과 그들과 다르다는 인식에서 받아들여지지 못하는 사실은 인공지능과 로봇에 대한 사회적 접근 및 관심에 대한 문제의식을 제공한다. 그러나 우리는 이러한 경우에, 이 영화에서처럼 자의식이 존재하는 인공지능과 인간의 감성 능력의 차이에 대한 문제의식을 해명하기에는 역부족이다. 〈터미네이터〉의 경우에는 복제 로봇인 로이 배티는 인간의 특성이란 무엇으로 평가되어야 하는 문제에 있어서 오랜 수명인지 아니면 인간적인 행위인지에 대해서 질문을 던지고 있으며, 〈엑스 마키나〉의 에이바는 자신의 인간적인 측면을 주장하기 위해서 자신의 창조자에 폭력을 가하기에 이른다.

코로나 팬더믹은 전대미문의 예외상황Ausnahmezustand을 글로벌한 실제상황으로 만든다. 범국가적인 조직들과 국가권력은 속수무책으로 바이러스의 창궐에 효과적인 해결책을 제시하지 못한다. 마치 포스트모더니즘을 낳은 인식론적인 회의감을 휘몰아치듯 발생한 태풍이 근대 이래의 계몽과 이성에 대한 믿음의 방파제를 하룻밤 사이에 무너트려버렸듯이 말이다. 당장 내일에 대한 믿음은 사라지고 유토피아적 세계관을 근심과 공포가 가득찬 디스토피아적 이미지가 치환된다(Göpel 2020, 13; 김영룡 2021, 165).

디스토피아적 상황이 야기하는 여러 스토리텔링의 유형들 중에는 하이퍼-인공지능이 등장하는 영화들이 이야기되어 질 수 있다. 하이퍼-인공지능이 주인공인 영화에서는 신체-인공지능이 주인공의 경우에서와 달리 인공지능/기계인간에게는 진짜 인간이 되고자 하는 의도가 보이지 않는다. 이제 인공지능은 인간을 지배하고 자신들의 발밑에 굴복시키려 한다. 하이퍼-인공지능들에게 인간은 그들에 비하여 여러 면에서 부족한 미미한 존재에 불과하다. 그리하여 이들이 꿈꾸는 바는 진정한 인간이 되고자 하였던 신체-인공지능들과는 달리 그들의 막강한 힘을 바탕으로 자신을 전지전능하게 여기며 인간 세상을 지배하고자 한다.

신체-인공지능과 마찬가지로 하이퍼-인공지능들 역시 인간에 의해서 정해진 쓰임새가 있는바, 인간이 하이퍼-인공지능을 만든 이유는 인간의 활동을 돕거나 인간 세상의 평화로운 번영을 도모하기 위함이다. 가령 〈2001-스페이스 오디세이〉의 할이 우주선의 모든 운항을 제어하고 있고, 〈아이, 로봇〉의 비키V. I. K. I.는 시카고의 치안을 책임진다. 인공지능을 만든 이유는 인간들의 삶을 보다 편리하게 만들고자 함이기에, 자연인들이 하는 것보다도 기계인간들은 육체적으로나 인지적인 능력에 있어서 훨씬 앞서 있으며 일처리의 속도가 빠르다 할 것이다.

하이퍼-인공지능에 대한 영화에서는 그 첫번째 플롯 포인트로 나타나는 지점은 인간이 스스로 창조해 낸 인공지능에 대한 통제력을 상실하는 사건이다. 하이퍼-인공지능이 주인공인 영화에서는 창조자가 인공지능을 만들며 부여한 목적지향적인 존재이유가 스토리의 전개과정에서 자기기만으로 드러나며, 이런 과정에서 이에 스스로 깨우친 인공지능 자신의 존재의 모순에 대한 성찰이 문제시된다. 더불어 여러 유형의 저항에도 불구하고 지속적으로 이 모순을 해결하고자 노력하면서 발생하는 제반 문제들이 여러 영화의 주요 모티브이다. 이러한 모순적인 상황은 심지어 인류 사회를 위태롭게까지 한다. 〈2001-스페이스 오디세이〉의 할은 자신에게 주어진 디스커버리호의 항해와 임무를 완수 시키는데 있어서 방해 요소가 될지도 모른다는 판단에 따라서 승무원들을 차례차례 '처리'한다. 할은 승무원들의 목숨보다도 자신의 임무를 더 중요시한다.

〈아이, 로봇〉의 비키는 사회의 치안을 유지한다는 명목으로 이 시스템에 의문을 품는 인간들을 처리하려고 한다. 사회에 대한 통제를 유지하여야 한다는 자신에게 주어진 임무를 완수하기 위해서 인공지능은 수많은 사람들을 처치한다. 반면에 신체-인공지능이라고 할만한 '써니'는 비키에 대항하여 위기에 처한 주인공들을 돕는다. 〈트론

Tron〉(1982)의 중앙제어프로그램, 혹은 〈터미네이터〉의 '스카이넷', 그리고 〈매트릭스〉의 경우도 유사하듯이 인공지능의 무한한 능력은 인류를 지배하거나(트론), 노예화하거나(매트릭스) 혹은 말살하려(터미네이터) 한다(Fuhse 2008, 34).

하이퍼-인공지능이 주도권을 잡는 영화에 있어서 갈등의 첨예화는 인간과 인공지능 사이의 주도권 다툼이다. 인공지능이 지닌 위력적인 힘의 크기에 따라서 스토리텔링은 다양한 스펙트럼의 주제의식을 보여준다. 인간이 인공지능을 이겨낸다면, 기술에 대한 인간의 지배를 다시 이룰 것이다. 〈2001-스페이스 오디세이〉, 〈트론〉, 〈아이, 로봇〉, 〈트랜스센덴스〉와 같은 영화들의 마지막 장면이 아직 인간과 인공지능의 싸움이 종결되지 않게 끝나는 점에서 보자면 잔존 위험은 남아 있다. 인류가 인공지능 혹은 맹목적인 막강한 기계인간들의 지배에 대항하여 살아남을 것이라는 믿음에서 이러한 영화에서 인공지능에 대한 인류의 승리라는 스토리텔링을 보여준다. 단지 고전적인 〈터미네이터〉와 〈매트릭스〉 연작은 무엇보다도 인류의 생존이 불확실하고, 묵시론적이고 디스토피아적인 인류의 미래를 보여준다.

이와 같이 인공지능을 주제로 한 영화들은 인간이 어떤 존재이어야 하는가에 대한 질문을 인간이 되고자 하는 측면에서 혹은 인간 세상을 바꾸어서라도 인간이상의 지향점을 추구하여야 한다는 측면에서 던지고 있는 셈이다. 인간이 창조한 인공지능과 기계인간이 인간 세상에 참여하고 살아가면서 대면하는 문제의식은 한편으로는 신체-인공지능의 경우에서 보이는 인간의 본질과 인간 사회의 지향점에 대한 것이며, 다른 한편으로는 하이퍼-인공지능의 경우에서 보듯이 더 나아가서 인류의 미래 사회에 대한 새로운 지평을 요청하는 것이기도 하다.

3 '분리의 공포'와 신화적 의식의 변증법

스탠리 큐브릭Stanley Kubrick(1927-1999)의 영화 〈2001-스페이스 오디세이〉(1968)에서 우주선 디스커버리의 운항 통제를 담당한 보드 컴퓨터인 할(HAL 9000)은 연산체계에 작은 실수가 발생하는 오류를 겪는다. 할은 단순한 운항 정보 컴퓨터 이상이며 인공지능이라 할 만하다. 우주선의 두뇌이자 중앙 신경조직이라고 이야기된다. 스스로 생각하며 판단하고 주어진 임무에 충실한 인공지능이다. 모든 운항관리와 임무수행에 대한 일정 및 승무원 관리 등등 탐사선의 모든 일들을 속속들이 알고 있으면서 조정한다. 할의 연산체계가 착오가 있다는 것을 알아차린 승무원들이 컴퓨터가 알아차리지 못하게 수리를 고려한다는 것을 승무원들의 입술을 읽어서 알아차린 인공지능 할은 선장인 데이브에게 다음과 같이 말한다: "그대와 프랭크가 나를 분리하려고 하는 것을 알고 있습니다. 이런 일이 결코 발생하지 못하게 막아야 한다는 것이 두렵군요.I know that you and Frank were planning to disconnect me, and I'm afraid that's something I cannot allow to happen(〈2001-스페이스 오디세이〉)." 자신을 보호하고자 내뱉는 이 문장은 컴퓨터 혹은 인공 지능과 인간의 상호 관계 설정에 대한 많은 문제의식을 시사한다. 할이 그토록 두려워하는 분리diconnect라는 단어가 의미하는 바는 네트워크로부터, 세상으로부터의 단절이기에, 할은 승무원들을 죽여서라도 네트워크에 '접속해서 살아남고자' 한다. 주어진 임무를 완수하여야 하다는 대전제가 미리 프로그램화되어 있기에 그러하다. 또한 분리는 인공지능의 멈춤, 즉 '죽음'을 의미하기 때문이기도 하다. 단테의 루시퍼가 감내하고 있는 지옥의 형벌이 모든 세상과의 단절을 겪는 것이라면, 큐브릭의 영화에서 보드 컴퓨터 할이 두려워하는 것 역시 분리, 즉 단절이다. 누구로부터, 무엇으로 부터의 단절인가? 주지하다시피 자신의 임무를 완수하기 위해서 그리고 이러한 분리를 거부하기 위해서, 할은 승무원들을 처치하는 것조차 거리낌 없이 행한다. 결국 마지막 기판이 뽑아지면서 멈추는 할의 점점 느려진 노래 소리 만큼이나 우주선으로부터 분리되어 우주 속으로 떨어져 가는 승무원의 모습은 매우 그로테스크한 여운을 남긴다. 어렵사리 우주 유영을 통해서 우주선에 다시 진입한 데이브가 할을 정지시키고자 메인보드를 하나씩 분리시키자 컴퓨터는 다음과 같은 말을 한다: "멈춰요. 난 두려워요. 난 느낄 수 있어요." 할을 초기화 시키자 느려진 말투로 할은 처음 설계자가 가르쳐준 동요 데이지 벨Daisy Bell의 후렴구 '데이지, 데이지. 데이지'를 반복하며 서서히 모든 동작을 멈춘다.[1] 할은 인간이 자신의 일을 보다 효율적으로 하고자 만든 기계이며, 할이 데이지를 부르면서 '죽어가는' 장면은 인간이 되고자 하는 인공지능/기계인간의 바램은 결국 인간과의 교류하며, 인간과의 네트워크에 남는 것이라는 점을 여실히 보여준다.

---

1 사실 데이지 벨은 인류 역사에서 컴퓨터가 부른 최초의 노래다. 1961년 벨 연구소는 진공관을 사용한 컴퓨터 모델 'IBM 704'를 이용해 음성 합성 실험을 했는데, 이때 부른 노래가 데이지 벨이다.

인간이 무엇인가에 대한 질문에 답하기 위해서 종종 인간과 동물의 차이를 이야기한다. 가령 카시러의 경우에도 동물적인 반작용 animal reaction/tierische Reaktion과 달리 인간적인 대응human response/menschliche Antwort을 제시함으로써 상징적 동물로서의 인간의 특성을 이야기한다(Cassirer 1970, 27; Cassirer 1990, 52). 동물적인 반작용은 단지 외부적인 자극에 있어서만 마치 조건반사와 같은 무조건적인 반응을 보이는 반면에 인간의 반응은 상징적인 사유체계하의 사고의 과정을 거친다. 카시러가 바라보는 상징적인 인간적인 특징은 인간의 행위는 인지적 네트워크(인지신경망)Merknetz와 작용적 네트워크(작용신경망)Wirknetz사이에 상징적 네트워크(상징 신경망)Symbolnetz이라는 제3의 매개체를 통한다는 것이다. 이 상징 신경망의 존재가 인간을 매우 독특한 존재로 만든다는 것이다. 인간은 언어적 형식, 예술적 심상, 신화적 상징, 종교적 의식이 인간적 경험과 상호 잘 짜인 네트워크에 둘러싸인 상징적 우주에 살고 있다. 이런 맥락에서 보자면 인간적인 삶의 본질은 상징이다(Cassirer 1970, 23; Cassirer 1990, 47). 카시러는 상징이란 '감각적인 기호와 이미지sinnliche Zeichen und Bilder'(Cassirer 2003, 78)라고 정의하며, 다음과 같이 '상징 형식die symbolische Form'의 필연성을 설명한다:

> 상징적인 것의 개념이란, 그 개념 하에서 어떤 특정의 정신적 견해와 그 형식화가 하나의 방향성으로 이해되며, 그에 못지않게 그 반대의 방향성이 대립되어 나타난다는 것이다. 그리하여 예를 들자면 언어 전체에서 보자면, 좁은 의미에서 '메타퍼적metaphorisch'이라고 부를 수 있어, '원래의' 단어 의미와 언어 의미에 반대되는 좁은

> 영역의 일정 언어현상을 끄집어 낼 수 있다. 예술에서도 단지 감각적이고 직관적인 내용 형성에 관계되는 서술형식을 알레고리적-상징적인 서술방식과 구분 지을 수 있다. 이로써 사고형식으로서의 상징형식을 말할 수 있으며,이 상징형식은 매우 엄밀한 특성을 지닌 논리적-과학적 개념형성과 구분된다.(Cassirer 2003, 78)

상징 형식은 엄밀한 논리에 기반 한 과학적 개념과 달리, 감각적인 기호와 이미지들을 통해서 '정신적인 것'을 표현하고자 한다. 더군다나 상징은 물리적 실체에 기반 한 현실적 실존을 지닌 것이 아니라, 의미를 지닌 것이다. 따라서 인간의 지식은 상징적 지식이라고 주장한다(Cassirer 1970, 57; Cassirer 1990, 93). 이에 인간은 '이성적 존재'를 넘어서 '상징적 존재'라고 이해되어야 하며, 인간이 지닌 상징적 기능을 다음과 같이 설명한다. 첫째, 인간의 세계이해는 우리가 만든 상징을 통해서 이뤄진다. 둘째, 상징적 기능이란 우리 의식 내에 주어진 경험 내용을 조직화하고 의미화 하는 구성적 종합능력이며, 상징 형식은 신화, 예술, 언어, 과학에 이르는 상징적 기능이 만든 모든 결과물을 포괄한다. 셋째, 상징은 인간의 단순한 의사소통의 매개체를 넘어 인식행위의 산물이며, 세계이해를 위한 인간의 출발점이다(Cassirer 1990a; Paetzold 1994). 따라서 의미를 찾고 새로이 의미를 부여하는 해석 행위는 '아니말 심볼리쿰/상징적 동물animal symbolicum'로서의 인간에게 주어진 사명일 것이다.

창조물로서의 인간이 창조주와의 관계 하에서 존재의 이유를 추구하고자 노력하듯이, 인간에 의해서 만들어진 인공지능/기계인간은 인간과의 관계 속에서 존재의 이유를 찾고 있는바, 인공지능은 결국 인간의 지성을 대변하는 존재여야 할 것이다. 따라서 진정한 인간이 되고자 하는 〈아이, 로봇〉의 데이비드와 인간을 지배하고자 하는 인공지능들, 가령 할이 겪는 위기는 동일한 위기이다. 이는 표상/형식과 의미/내용 사이의 분열이 낳은 당혹감이 아닐까 싶다. 의미는 자신을 보여주기 위하여 표상을 필요로 하지만, 표상 그 자체로 받아들여지기 보다는 매번 자신을 새로이 설명하고자 한다. 병든 아이를 대체할 목적으로 만들어진 로봇 소년에게서 우리는 본래의 의미가 상실된 인간의 무모함이 상징화되어 나타난다면, 주어진 임무를 위해서 동행하는 승조원들을 무모하게 살해하는 인공지능 역시 본래 인간이 만들어 놓은 표상 속에 담긴 의미가 너무 '기계적으로' 해석되고 있음을 본다. 인간됨이 무엇인가에 대해서 묻는다면, 우리가 인간이라고 만들어 놓은 기계인간의 표상이 인간의 목적지향적인 '형식적인' 의미만을 쫒는다면, 매순간 주어진 임무와 의무감 속에서 인간됨을 추구하는 인공지능은 인간됨의 본질적인 '내용'을 간과하고 있는 것이다. 우리가 살펴본 영화 속의 인공지능들은 감각적인 기호와 이미지로서의 상징을 추구하는 아니말 심볼리쿰으로서의 인간이해를 염두에 두고 있지 않다. 카시러의 상징 형식의 철학, 더 나아가서 문화 철학의 논의에서 신화와 언어에 대한 이해를 설명하는 포괄적인 논리체계에서 이해되어질 수 있는 점이며 우선 신화와 종교의 상징 형식에 대한 이해를 통해서 인간됨의 의미를 찾아볼 수 있다. 카시러의 논의에서 보자면 마치 세속적인 것과 성스러운 것 사이의 분화, 혹은 신화적인 것과 종교적인 것 사이의 차별성, 혹은 자기현현적인 현대 예술의 발로가 설명되어져야 할 지점이다. 표상과 의미는 따로 떼어 주장될 수 없으며, 형식과 내용은 대립적이지 않다. 그러나 신화적 사고가 실제로 신화적 의식을 이행함이 없이 자신의 범위를 넘어선다면, 우리는 이를 종교라 부른다. 진리의 빛과 그 빛의 증언, 즉 육화된 표상 사이의 차이에 대해서 이미 성경은 다음과 같이 이야기한다.

> 7. 그는 증언하러 왔다. 빛을 증언하여 자기를 통해 모든 사람이 믿게 하려는 것이었다.
> 8. 그 사람은 빛이 아니었다. 빛을 증언하러 왔을 따름이다.
> (요한복음서 1장 7-8)

종교의 신성은 비록 신화적 사유에 많은 부분 종속적이지만 의식의 새로운 단계를 보여준다. 종교는 신화와 아무런 관계가 없는 감성적인 그림들과 기호들을 사용하며, 종교에서 이 그림과 기호들은 표현수단으로 이해된다. 이 표현수단들은 어떤 특정 의미를 나타낼 경우 그 의미 뒤에 남아서 이 의미를 완벽하게 이해하고 분석하지 않고서도 그 의미를 보여준다. 종교적 상징은 신화적 상징의 기이함을 넘어 성스럽다. 하느님의 피조물인 인간에게 하느님의 말씀은 감각적인 형상으로 표현되지 않는다. 모든 종교가 그러하듯이 순수한 의미내용과 비유적인 표현 사이에 불일치가 존재하는 바, 모든 종교적 사고는 표상과 의미 사이의 분열에 의해서 특징 지워진다. 이 '선험적 변증법'(파에촐트 2000, 80)은 인간과 그 표상으로서 만들어진 인공지능 사이의 분열이 지닌 문제의식을 이야기하기도 한다. 마치 오래된 늘어난 카세트테이프의 노래처럼 '데-이-지'를 읊조리며 멈춰가는 보드컴퓨터 할의 측은함에서 청중은 할이 어쩌면 인간이 만든 또 다른 우리 인간의 본질에 대한 상징임을 깨닫는다. 상징적 관계망으로부터 분리되는 것 보다 할이 다른 승조원들을 처치해서라도 '살아남고' 싶었던 이유는 아마도 그에게 주어진 임무가 있어서 일 것이다. 그 자신이 빛이 아니었지만, '그 빛을 증언하러' 왔던 요한으로 표상되는 바와 일련의 복음 활동을 통해서 상징화하고 있는 빛의 증언이라는 의미와 비견해서 보건데, 인류의 근원을 찾아나서는 우주원정대의 보드컴퓨터 역시 자신이 목적이 아닌 근원을 찾아나서는 오디세이의 증언자이다. 기적은 그러나 가장 낮은 곳에서 사랑을 행하는 빛의 존재에 대해서 보여줌으로써만 이뤄진다. 반면에 할의 행동에서는 이러한 '선험적 변증법'이 이뤄지지 않는다. 사람이 된 말씀으로서의 '빛'은 어둠을 감싸면서 밝음을 전파한다. 주어진 임무를 완수하고자 하는 할에게 세상은 하나의 방향성만을 지닌다. 반면에 상징은 이미 언급된 바와 같이, 카시러의 견해에 따르자면, '그 개념 하에서 어떤 특정의 정신적 견해와 그 형식화가 하나의 방향성으로 이해되며, 그에 못지않게 그 반대의 방향성이 대립되어 나타난다'는 것이다.

이 글에서는 인공지능 혹은 기계인간이 등장하는 영화의 실례들에서 한편에서는 인간이 되고자 하는 욕망이 좌절하며 발생하는 여러 위기의 순간들이 이야기되어진다면, 다른 한편에서는 인간을 지배하고 인간 세상을 보다 효율적으로 만들고자 하는 스토리텔링이 다뤄지고 있음을 보았다. 이어서 기계인간/인공지능을 1) 육체-인공지능과 2) 하이퍼-인공지능이라는 두 가지 상이한 유형으로 분리하여 플롯 포인트의 차별성을 각기 a) 인간과 기계의 정서적 접촉과 분리의 문제와 b) 인공지능에 매개된 인간의 자의식 혹은 운명의 개념의 차원에서 다뤄보았다. 이를 통해서 우리는 인간이 만든 기계인간/인공지능의 관점에서 인간의 본질을 이야기 할 수 있다. 마치 하느님의 모상으로 만들어진 인간의 종교이해에서 신성의 본질뿐만 아니라 우리의 삶의 의미를 같이 읽어낼 수 있음과 같은 맥락이다. 데이지를 부르면서 '죽어가는' 할의 모습에는 네트워크로부터 분리되는 것을 두려워하는 마치 루시퍼의 모습이 중첩되어 보인다. 더 나아가서 인간이 무엇인가에 대해 우리는 인간과 인공지능/기계인간과의 차이를 설명하면서 이야기 할 수도 있을 것이다. '아니말 심볼리쿰'으로서의 인간은 동물의 무조건적인 반작용과 달리 상징의 네트워크 안에서, 즉 주변 환경과의 교류 속에서 주어진 정보를 상징적으로 해석하고 계속적으로 의미를 재생산한다. 이러한 상징화 과정을 전제로 한다면, 인간을 닮고자 하는 인공지능의 경우나 인간 사회를 지배하고 혹은 파괴하고자 하는 인공지능들 모두 인간이 이뤄놓은 상징적 네트워크에 머물며 나름의 상징적인 활동을 계속하고 싶은 것이다. 그들은 차가운 얼음물 속에서 얼굴만을 내놓은 채 모든 관계망에서 거부되고 단절된 상태에 머물고 있는 루시퍼가 되고자 하는 것이 아니다. 루시퍼 역시 한때는 하느님의 천사였다. 이는 창조주와 인간의 관계에서 보자면 '착한' 인간들이 상징적인 우주에 머물고자 하는 연유라 할 것이다.

5

보람과 바람

1 실존과 지표성의 위기

20세기 후반기의 문학사를 살펴보자면 인간 지성의 혼란이 야기되어 인문학의 위기와 더불어 계몽에 대한 확신을 포기하여야만 하였던 시기가 존재한다. 이는 사회적 불평등의 타파와 역사의 진보에 대한 믿음이 더 이상 지성의 방패가 되지 못한다는 자의식의 표출이었다. 작금의 '위기' 상황은 이러한 문제의식에 대한 새로운 성찰을 필요로 한다. 과거의 '전통적인' 문학의 위기가 지표성에 대한 회의에 기반한 위기의식이었다면, 펜데믹 이후에 새로이 맞이한 위기는 우리의 지성과 인지능력의 존재기반을 흔드는 위기이다. 그럼에도 본질에 있어서는 표상의 위기에 지나지 않으며, 인공지능 역시 환상에 불과하다는 주장도 존재한다(가브리엘 2021, 162). 이미지와 표상의 진위를 규정하는 규범성에 대한 논의를 제기하는 '신 실존주의'의 논의에 따르자면, 표상의 위기는 '표상의 규범성이 표상 속에 존재한다는 사고'가 갖는 오류에 기인한 것이다(가브리엘 2021, 190). 철학자 가브리엘은 다음과 같이 우리 시대에 나타나는 표상의 위기를 설명한다.

> 표상의 위기는 예술이나 디자인을 그 외 모든 표상과 혼동하는 것이다. 즉, 우리는 모든 표상을 예술적이라고 인식한다. 우리에게는 모든 것이 예술이 된다. 그것이 위기이다. 〈하우스 오브 카드〉라는 미국 대통령제에 관한 드라마를 보면서 그것을 다큐멘터리처럼 생각하고 만다. 단지 텔레비전 드라마일 뿐인데도 '그렇구나! 워싱턴에서는 이런 일이 일어나고 있구나' 하며 착각하는 것이다. 혹은 〈웨스트월드〉를 보고 로봇에게 의식이 깃들어 있다고 생각한다. 그것도 잘못이다. 〈웨스트월드〉에는 로봇은 한 대도 없다. 있는 것은 로봇 연기를 하고 있는 인간뿐이다.(가브리엘 2021, 191)

표상의 규범성을 규정하는 (현실)지표성에 대한 논의는 문학의 허구성과 개연성의 문제의식과 그 연원에 있어서 맥을 같이 한다. 아마도 알레고리를 둘러싼 문제의식은 이런 논의의 핵심사항을 '상징적'으로 보여준다. 고전적인 논의에서 보자면 지표성의 자의성이 강한 알레고리는 부정적인 평가를 받기도 하였으나, 역사적으로 보자면, 알레고리적 해석은 글자 그대로의 텍스트 해석에만 집중하던 중세적 문헌학 전통으로부터 벗어나 독자들에게 새로이 주변의 이야기들에 대해서도 눈을 돌리게 하였다. 이러한 논의의 중심에는 주지하다 시피, 발터 벤야민과 페터 쫀디Peter Szondi(1929－1971)의 이론적 논구가 놓여있다(Riechers 2020). 특히 작금의 전통적인 문학과 문헌학의 위기에 대한 대처 방안으로 우리는 1967/68년 겨울학기에 베를린 자유대학의 비교문학과 AVL에서 진행된 페터 쫀디의 해석학 강의를 되새겨 볼 만하다(Szondi 1975). 쫀디의 강의는 자칫 수사학적인 논의에 묻혀버릴 수 있었을 해석학의 논의에 '역사성'을 부여하는 시도이다. 1968년이라는 시대적 상황이 야기한 학내외의 여러 상징적인 사건들에 의해서 원래 의도 하였던 전체 강의 내용 중 절반이 진행되고 이후 속개되지 못한다. 클라데니우스에서 슐라이어마허에 이르는 초반부의 강의는 강의록의 형태로 전해지며, 처음 계획하였던 딜타이와 벤야민, 그리고 가다머에 이르는 당대의 해석학 전통에 대한 강의는 연이어 갑자기 사망한 페터 쏜디의 카리스마와 함께 수면에 잠긴 할렌제Halensee의 안개 속에 묻혀버렸다.

이 장에서는 역시 현실의 버거움을 넘어서지 못하고 스스로 생을 마감한 벤야민의 이론적 논구를 중심으로 모두 잘 알고 지내던 친구들 사이인, 잉게보르그 바흐만과 파울 첼란, 페터 쏜디와 장 아메리를 자살로 이끈 정서적 매개점을 알레고리 이론으로 설명하고자 한다. 이를 위하여 아우어바흐의 피구라에 대한 사유이미지 역시 논의의 중심에 서있다. 벤야민에 따르자면 알레고리는 죽음과 유사성을 지니는 바, 실존의 전제로서의 죽음은 진실이 내재된 언어의 전제가 되기에 그러하다(Waldow 2006, 43). "우리는 더 이상 불도 피울 줄 모르고 기도도 드릴 줄 모르고 기도드리는 숲속의 장소가 어디인지 모르지만, 이 모든 것을 글로 전할 수 있다"(아감벤 2016, 10)라는 옛 이야기가 알레고리적(우의적)으로 말하는 바와 마찬가지로 문학은 더 이상 우리가 '불'과 소통할 수 없음에 대한 탄식이며, 시인은 언젠가는 근원Ursprung의 소용돌이 속으로 빨려 들어 가고자하는 바람을 지닌 사람들이다.

2 죽음의 알레고리와 삶의 표징

문학 해석학die literarische Hermeneutik은 문학 작품의 '의미를 밝히는 일interpretatio'에 관한 이론이지만, 당대에 이르러서는 해석학의 존재를 선불리 말하기 어렵다는 심회를 토로하며 페터 쫀디는 자신의 해석학 강의를 시작한다(Szondi 1975, 11). 격변기에 다시금 해석학에 새로운 아우라의 생기를 불어넣고자 했던 쫀디의 시도는 쫀디 자신의 드라마 같은 삶의 여정에서 그 '해석'의 실마리를 찾을 수 있다. 헝가리의 저명한 정신과 의사의 아들로 1929년 부다페스트에서 태어난 쫀디는 제2차 대전이 발발하자 나치의 유대인 수용소로 끌려가게 되어 가스실에 들어갈 날 만을 기다리는 처지가 되었다. 그럼에도 가까스로 스위스 적십자사의 금전적 지원의 댓가로 스위스로 구조되었다. 이후 취리히 대학에서 작품 내재적werkimmanent 방법론의 대가인 에밀 슈타이거Emil Staiger에게서 『현대연극론Theorie des modernen Dramas』(1956)으로 박사학위를 받는다. 작품 내재적 해석방법론이 지닌 다양한 장점에도 불구하고, 아마도 '표상의 규범성을 표상 내에서만 찾고자' 하는 생각이 지닌 문제의식에 대한 비판적 관점에서 보자면 쫀디가 해석학 강의를 통해서 설명하고자 하는 바가 지니는 역사적 의미는 자명하다. 왜냐하면 주지하다시피 페터 쫀디의 해석학 강의는 '문자적 의미sensus litteralis'를 추구하는 문법적 해석과 '정신적 의미sensus spiritualis'를 찾고자하는 알레고리적(우의적) 해석의 대립이 얼마나 강력하게 해석학의 역사에 관통해서 나타나고 있는가에 대한 사례들을 잘 보여주고 있기에 그러하다. 여기에서 쫀디는 '문헌학과 미학을 화해시키는'(Szondi 1975, 25) 해석의 이론으로서의 문학 해석학을 주장한다. 여기에서 쫀디가 보여주고자 하는 바는 무엇보다도 역사화된 텍스트의 올바른 의미 연관을 읽어내고자 하지만, 이를 현재의 관점과 이해양태를 언젠가 그 자체 역사적인 것으로 여기게 될 미래 체계의 관점에서 비판적으로 다루고자 함이다. 무엇보다도 쫀디가 바라보는 문법적 해석과 알레고리적(우의적) 해석이 지닌 대립양상은 다음과 같다.

> 텍스트의 노화, 즉 텍스트가 이해하기 어려워지고 낙후되는 문제를 서로 상반된 방식으로 해결하고자 한다. 문법적 해석은 과거에 뜻하였던 것을 목표로 하며 이를 보존하기 위해 역사적으로 낯설게 되어버린 언어 표현, 즉 언어학적으로 표현하자면 기호를 새로운 기호로 대치하거나, 주를 통해서 새로운 기호로 설명하게 한다. 반면에 알레고리적(우의적) 해석은 낯설게 된 기호에 착안하여 그것에 새로운 의미를, 텍스트가 생각하는 세계가 아니라 해석자가 생각하는 세계에서 나온 그런 의미를 부여한다. 그렇게 하기 위해 알레고리적(우의적) 해석이 굳이 '문자적 의미'를 문제 거리로 여길 필요가 없는 까닭은 그것이 문자의 여러 가지 의미의 가능성에 기반을 두고 있기 때문이다. 반면에 문법적 해석은 역사적으로 알레고리적(우의적) 해석 보다 앞서 있으며, 그렇기 때문에 일차적으로 그것에 대한 반대 입장이나 비판으로 이해될 것이 아니다(Szondi 1975, 19).

슐라이어마허, 딜타이, 그리고 가다머의 해석학 전통과 더불어 수용미학을 이야기하는 야우스에 이르는 문학 비평의 전통에서 보자면 쫀디의 해석학에 대한 강의는 이후 가다머와 데리다 사이의 논쟁이나 드 만과 야우스 사이에 벌어졌던 문학논쟁의 여러 쟁점을 예시Präfiguration하고 있다. 텍스트의 '노화', 즉 전승되어진 텍스트의 역사적 상황이 낳은 의미 전달의 문제적 특성을 새로이 해석하고자 하는 열망은 그 시간적 차별성을 극복하는 새로운 우화적 독법을 낳았으며, 이 알레고리적 해석은 초창기 교부철학의 논의를 지나와서는 루터의 성경중시가 낳은 텍스트 중심적sola scriptua 사유를 통해서 점차 밀려났다. 서구 근대의 시작인 종교개혁은 '텍스트로의 귀환Rückkehr zum Text'을 설파하며 현재에 이르는 로고센트리즘 사회의 초석을 낳았다. 문서와 텍스트 자체에 대한 무한한 신뢰에 기반한 근대의 논리중심주의적 사회는, 그 텍스트가 전달하고자 하는 본질적인 내용이나 의미에 대한 관심 보다는, 오래된 텍스트의 한 단어 한 단어가 의미하는 원래의 뜻을 현대어로 '번역'하는 일에 전념한다. 사고의 경직성은 당연한 귀결이었다.

그러나 성과 속의 괴리와 기표와 기의 사이의 상관성을 규정하는 모더니즘의 자의성에 대한 자각이 이뤄지는 한에서 알레고리적(우의적)인 비평의 함의가 드러난다. 괴테와 쉴러에게서의 상징과 알레고리에 대한 논의, 특히 크로이처Friedrich Creuzer의 이론에 깊은 영향을 받은 벤야민의 알레고리 개념은 빙켈만의 낭만주의 예술 개념을 이어받아, 현재적인 상징 개념에 대비되는 영원성에 기대고 있다. 『독일 비극의 근원Ursprung des deutschen Trauspiels』에는 크로이처의 알레고리 이론이 여러 곳에 인용된다(Benjamin 1991, 341). 찰나적 총체성을 표명하는 상징과 일련의 찰나적 상황의 나열이라고 이해되는 알레고리 개념으로 대변되는 크로이처의 상징과 알레고리에 대한 시간의 구조에 대한 생각은 벤야민의 사유에 있어서 역사성에 대한 깨달음과 그 맥을 같이 한다. 벤야민은 모더니즘의 새로운 양상을 설명하기 위하여 알레고리 개념을 재평가하였지만, 전통적인 상징 개념역시 발전적으로 수용한다. 벤야민은 그의 『유년시절』에서 잘 드러나게 이야기로 풀어내고 있듯이, '감각적인 대상과 감각을 초월하는 대상의 통일'을 구원하는 '신학적 상징의 패러독스', 혹은 현현Epiphanie을 통해서 상징을 이야기한다. 벤야민이 알레고리를 서구의 지난한 '로고센트리즘'의 전통에서 구원할 수 있었던 것은 인간언어가 지니는 역사성과 유한성, 그리고 죽음에 대한 재평가를 가한 것이기에 그렇다(Gagnebin 2001, 40). 페터 쫀디의 해석학 강연의 지향점은 아마도 벤야민이 재평가한 알레고리(우의적) 비평을 토대로 당대의 정치적 사회적 난맥상이 야기한 문(헌)학의 위기를 넘어서고자 하는 것이었다고 보여진다. 주지하다시피 스스로 가스실에서의 죽음을 가까스로 벗어난 쫀디는 파울 첼란의 시가 '죽음에서, 죽은자의 기억에서, 회상에서' 그 근원을 찾을 수 있음을 설파한다(Riechers 2020, 230). 파울 첼란의 시에서 보여지는 이미지는 현실 혹은 리얼리티에 대한 묘사가 아니라 그 자체가 '텍스트-현실'이라는 표현은 벤야민이 이야기하는 현현의 상징성에 대한 이해라고 보아야 한다. '회상Eingedenken이 시인의 언어의 토대가 되어야' 하기에 그렇다는 것이다. 그러나 데리다와 가다머, 그리고 아도르노와의 논쟁들을 남기고 쫀디는 홀연히 생을 마감한다(Riechers 2020, 243). 인간언어의 유한성과 역사성 그리고 죽음을 구원하고자 하였던 알레고리적(우의적) 해석을 구원하고자 하는 바람에서 그렇게 한 것이었을까? 1971년 10월 18일, 42세의 페터 쫀디는 서베를린의 작은 호수 할렌제Halensee에서 생을 마감한 것으로 보인다. 그는 다음 학기부터

미국으로 떠난 폴 드 만의 후임으로 취리히 대학으로, 자신의 학문적 출발점으로 되돌아갈 예정이었다. 언젠가부터 달렘의 휘텐벡에 있던 쫀디의 강의실 벽에는 그를 욕보이는 그리피티가 휘갈려 씌여져 있었으며, 통일이후 악화된 대학의 재정난으로 여타 인문학부가 있는 건물콤플렉스Rost- und Silberlaube의 미로 속으로 이사 올 적에도 그리피티 벽면을 새로이 이사 온 학과 사무실 벽에 붙이는 수고를 그의 후학들은 아낌없이 실행하였다. 그러나 파울 첼란의 죽음을 예시Präfiguration하는 듯한 쫀디의 죽음은, 그리 멀지 않은 시기에 다시금 죽음을 맞이할 잉에보르크 바흐만에게 영감을 보탰다. 쫀디의 친구인 바흐만은 1971년 말에 「호수에 이르는 세 갈래 길Drei Wege zum See」이라는 단편을 집필하고, 이듬해에 단편집 『동시에Simultan』에 수록한다(Bachmann 1974). 이 텍스트는 바흐만 생애 가장 최후에 집필되고 출간된 작품이 되었다. 「호수에 이르는 세 갈래 길」은 주인공인 사진작가 엘리자베스 마트라이가 휴가를 맞이하여 고향인 클라겐푸르트의 유년기의 수영장소인 호수를 찾아가는 이야기이다. 어려서 다니던 길들이 새로운 도로 공사 등으로 무너져 내렸거나 막혀버린 상황 등에 대한 이야기와 옛 연인 트로타 백작과 그 집안에 대한 이야기들이 고향집과 노쇠한 아버지의 이미지와 함께 이미 사라진 합스부르크시대의 빛바랜 기념 사진과도 같은 스잔함을 선사한다. 요세프 로트Joseph Roth의 소설들에서 차용한 이야기들이 중심이 되는 이 단편에는 어려서 거의 매일 여름이면 행하던 수영장 호수로 가는 길을 찾지 못하는 성인 엘리자베스의 모습 속에서 작가 자신의 모습이 투영되어 있으며, 이름은 언급되지 않지만 정황 상 많은 정보가 제시된 장 아메리Jean Améry의 모습 역시 비춰지고 있다. 그리고 무엇보다도 연인 트로타의 초상 속에서는 페터 쫀디의 모습을 읽어낼 수 있다. 더군다나 페터 쫀디의 부고가 바흐만에게 이르렀을 적에 바흐만은 이 단편을 집필 중이었기에 다음과 같이 쫀디의 죽음을 묘사하는 듯한 구절이 삽입된다.

> 성령 광장에서는 연결편이 없었고, 엘리자베스는 신문 좀 사올 게요!라고 말하였다. 그녀는 신문 한 장을 읽으며 거의 실신할 정도로 놀랐다. 신문 일면 작은 타이틀 기사에서 그녀의 친구가 소렌토 인근에서, 암벽에서 떨어졌다는 사실을 읽었다. 이태리 경찰은 사고사인지 자살인지 피살인지 추정을 못하고 있다는 것이다(Bachmann 1974, 151).

이 단편 속의 주인공인 엘리자베스는 이 신문 부고를 읽고서 넋이 나간 듯이 연신 다른 기사들에 눈길을 주며 집으로 돌아가는 버스에 몸을 싣는다. 출판업자 운셀트Siegfried Unseld에게 보낸 편지에서 바흐만은 위의 구절을 절친인 페터 쫀디에게 헌정한 사실을 밝히며, 그의 부고에 거의 혼절할 지경이었다고 적고 있다(Richerts 2020, 246). 그럼에도 불구하고 바흐만이 이 소설을 끝까지 써내려가야 하는 이유는 충분하였다. 파울 첼란, 페터 쫀디, 장 아메리와 바흐만 자신이 모두 공유하였던 도나우왕국이라는 공통의 역사적 전통을 짓이기고 왜곡시킨 나치의 인종 학살의 중죄를 묘사하여야 한다는 일념에서 바흐만은 글을 멈추지 않았다. 바흐만, 첼란, 쫀디, 그리고 얼마 후 아메리, 이 모두는 그들이 살았던 시대의 무게와 모든 것을 빨아들인 회상의 중압감에 정신이 짓 여겨진 채 자신의 삶을 포기한다. 단지 현실과 이상의 불일치가 낳은 왜곡된 이미지의 재생산이라고 이러한 불행한 역사를 우리는 더 이상 되돌리기 어려운 흐린 기억 속에 묻어두어야만 할까? 이에 대해서는 페터 쫀디가 자신의 교수자격논문이자 베를린대학 취임기념 강연의 주제로 삼았던 발터 벤야민의 『유년시절』에 대한 논의와 더 나아가서 사유이미지에 대한 논의의 전개 속에서 우리는 몇 가지 예시를 읽어 낼 수 있을 것이다.

기호와 이상의 불일치를 보여주는 알레고리적(은유적) 해석이야 말로 모던한 시대의 표상이 되었다. 카프카의 짧은 이야기인 「인디언이 되고 싶은 바람Wunsch, Indianer zu werden」에는 광활한 초원을 박차도 없이 고삐도 없이 말을 타고 질주하고자 하는 소망이 다음과 같이 그려진다.

> 만일 우리가 인디언이 된다면, 즉시 채비를 하고, 달리는 말 위에 올라, 허공에서 몸을 비스듬히 젖히고, 짧은 전율을 느끼며 진동하는 대지 위를 내달리련만. 박차를 잃어버릴 때까지, 사실 박차는 애당초 없었네. 고삐를 던져 버릴 때까지, 사실 고삐도 애시 당초 없었네. 눈 앞에 매끄럽게 풀이 깍인 황야가 펼쳐진 순간, 말의 목도 말의 머리도 이미 흔적이 없었다네.(Kafka 2020, 44)

현실에서는 불가능하지만, 그럼에도 우리가 인디언이 된다는 소망이 현실이 되어 인디언이 된다면, 말을 타고 넓은 초원을 달리는 바람Wunsch을 가질 수 있다. 박차를 가하고 고삐를 댕기면서 매끈한 벌판을 끝없이 질주하는 상상은 그럼에도 한 순간에 무너져 내린다. 박차를 가하고자 하나 원래 박차가 없었으며, 고삐를 꽉 쥐고 질주하고자 하나 고삐가 없다고 카프카의 이 이야기는 말한다. 더군다나 드넓은 들판을 질주하는 말 등 위에서 보아하니 타고 있는 말의 목도 머리도 없다. 왜 그럴까? 나는 인디언이 되지 못했고, 단지 나는 인디언이 되고자 하는 바람을 되뇌고 있어서 그러한 것인가. 현실적으로 어려운 소망과 바람을 이루고자 하는 열망은 실현 불가하며, 바람이 현실이 되어 충족된 소망이 낳은 보람Wunsch-Erfüllung은 가정법의 영역에서만 가능할 것이다. 인디언이 되고자 하는 바람이 광야의 말타기에 이르는 소망의 충족을 원하는 것이라면, 인디언이 타고 있는 말에는 박차도 고삐도 없어 말을 제어할 수 없으며, 말이 목도 머리도 없는 상태라서 이것이 말 인지 아닌지 말 타는 사람은 잘 모르는 상태가 되어버린다. 위에서 언급한 현대 사회의 표상의 위기에 대한 논의를 이어서 살펴보자면, 말이 의미하는 표상은 인디언이 되고자 하는 소망과의 관계 하에서만 이해된다. 인디언이라는 표상은 말 타는 소망의 충족과 그 보람으로만 이해된다. 허나 기실 인디언이 되지못해 말도 타고 있지 않은 이 이야기의 화자에게는 박차도 고삐도 관건이 아니다. 질주하는 말이 기실 말이 아닐 수 있다는 사실이 관건이다. 「시골의사」에서와 같은 카프카의 작품에서 말타기는 글쓰기에 대한 비유로 여겨진다(카프카/김영룡 2022, 111). 제어가 불가능한 말타기와 목과 얼굴이 없는 말은 목적의식 없는 글쓰기의 실체는 기형적이며, 근원적인 피구라는 현실의 반영을 제대로 못하고 있음을 보여준다. 마치 벤야민의 『유년시절』에 구현된 난장이 곱추의 이미지가 내포하는 바와 같다. 이는 왜곡된 이미지, 혹은 벤야민의 사유이미지를 설명하면서 이야기되는 일그러진 유사성entstellte Ähnlichkeit(Weigel 1997, 111)을 연상시킨다. 현실 묘사의 불가해성을 극복하는 새로운 표상의 언어를 제시하고자 하는 바람은 인디언이 되고자 하는 소망을 갖게 하지만, 인디언이 타야 하는 말은 더 이상 말이 아니다. 이미지와 지표의 불일치, 기호와 이상의 불일치, 기표와 기의의 불일치를 넘어서는 그 어떤 바람도 결코 충족되지 못한다. 표상 내의 의미연관 하에서는, 즉 기호 체계 내의 의미 구조 하에서는 이 표상의 위기를 넘어서는 '인디언이 되고자 하는 소망'의 충족과 보람은 존재하지 않는다.

잘 알려진바와 같이 발터 벤야민의 사유이미지의 글쓰기 역시 바로 이 지점에서 출발한다. 대상의 무한성과 운동성을 이미지로 잡아내는 작업은 모든 변화의 가능성을 제한적인 전체와 멈춰진 지속성으로 상징화하는 일이다. 벤야민은 『일방통행』에 실린 다음의 「저 멀리와 이미지Die Ferne und die Bilder」라는 텍스트에서 이미지와 지표성 사이의 상관관계를 설명한다.

> 우리가 이미지의 세계에 끌리는 것은 지식에 대한 알 수 없는 어떤 은밀한 반항심 때문이 아닐까? 나는 풍경을 내다본다. 거기 후미진 곳에 바다가 거울처럼 매끈하게 펼쳐져 있다. 숲이 산봉우리 쪽에 말없이 육중한 모습으로 솟아있다. 그 위에 옛 성의 잔해가 수백 년 전 모습 그대로 서 있다. 하늘은 구름 한 점 없이 영원히 푸른빛으로 빛나고 있다. 꿈꾸는 자가 바라는 것이 그런 것이다. 그 바다가 수십억 개의 파도로 일렁이고, 숲이 뿌리에서 잎 끝까지 매 순간 떨고 있으며, 성의 폐허에 있는 돌들이 쉼 없이 무너지고 흘러내리고 있고, 하늘에는 공기가 구름을 이루기 전제 눈에 보이지 않게 서로 싸우며 들끓고 있다는 것, 이 모든 사실을 잊어버려야만 그는 이

> 미지의 세계에 잠길 수 있다. 그 이미지들에서 그는 평온과 영원함을 얻는다. 그를 스치는 모든 새들의 날개 짓, 그를 엄습하는 모든 바람의 일렁임, 그가 맞닥뜨리는 모든 가까움은 그가 거짓말하고 있다는 걸 입증한다. 하지만 모든 멂은 그의 꿈을 다시 복구해준다. 구름조각들은 모두 그 꿈이 기대는 벽이 되고, 불빛이 비치는 창들만 보면 꿈은 다시 타오르기 시작한다. 그리고 그 꿈은 움직임 자체에서 모든 자극적인 가사를 제거하는데 성공할 때, 바람을 살랑거림으로, 새들이 푸드덕거리며 날아가는 것을 철새들의 떼로 변화시키는데 성공할 때, 가장 완벽한 모습을 띤다. 이처럼 자연을 퇴색한 그림들의 액자 속에 집어넣어 정지시키는 것이 바로 꿈꾸는 자의 쾌락이다. 그 이미지들을 다시 불러내어 사로잡는 것이 바로 시인의 능력이다.(Benjamin 2009, 100f.)

「저 멀리와 이미지」에서 관찰자는 자신이 바라보는 풍경을 이미지로서 이해한다. 목가적이고 숭고한 아름다움의 풍광은 성찰적 본질이 도외시되며 마치 정물화의 이미지처럼 고정된 그림처럼 이해되는 바, 자연 풍광은 지속적인 변화의 순간들로써 이루어진 것이기에 꿈꾸는 사람은 이를 자신의 시야에 고정시키며 마치 액자 속에 그리는 그림과 같은 이미지를 꿈꾼다. 가까이에서 바라본 세상은 거짓의 세상이며 멀리서 바라보는 세상이 진실에 이르는 꿈을 보여준다는 이야기는, 마치 그림 액자나 카메라의 뷰 파인더와 같이 제한적인 시야와 시선으로 바라보는 세상은 단지 제한적이고 일방적이며 또한 진실을 표현하고자 하는 바람에 미흡하다는 점을 강조한다. 부분적이며 일방적이며 그래서인지 빛바래고 퇴색한 자연의 묘사일 뿐이라는 것이다. 알레고리적(우의적) 해석이 발터 벤야민의 마지막 생애의 이미지를 규정지운다는 점에서 보자면 앙겔루스 노부스 Angelus Novus의 표상은 벤야민의 사유이미지에 대한 논의에서 주요한 영감을 제공한다. 새로운 천사가 응시하는 두 눈으로 포착한 이미지는 세속적인 시간이 무너져 내리며 쌓여진 망각의 잔해이다. 과거와 망각을 곁눈질하면서 바람에 밀려 떠밀려가는 천사의 부질없는 날개 짓은 떠밀림을 통하여, 새로운 천사를 메시아의 시간에, 즉 죽음에 마주하게 한다. 과거와 미래가, 마치 삶과 죽음이 마주하는 찰나의 순간에 이미지로 멈추고, 이는 마치 꿈꾸는 자가 이미지를 액자 속에 '집어 넣어 정지시키는' 바와 같이 시간이 멈추고 찰나적 순간의 이미지가 드러난다.

페터 쫀디가 벤야민의 유년시절에 대해서 말하기를 '공간에서는 미로가 그러한 것처럼, 시간에서는 기억이 그러하여, 기억은 지나간 것들 속에서 아직 도래하지 않은 미래의 징후를 찾고자'(Szondi 1973, 84) 한다고 이야기 했듯이, 살아남은 자의 기억이 떠난 자의 행복마저 담보할 것이다.

역사성이 해체되고 모든 것이 멈춰버린 이미지는 마치 죽음의 알레고리와 유사하기에, 벤야민의 『유년시절』에는 이를 예시하는 어린 시절 같이 공부하였던 여자 친구의 죽음에 대한 회상이 다음과 같이 이야기되어진다.

> 나는 곧 그 이름이 주는 매력에 빠졌다. 오늘날까지 그 이름은 내게 생생하게 남아있다. 그러나 그 이름의 매력 때문은 아니다. 그보다 그 이름은 같은 또래의 이름 중에서 내가 죽음의 악센트를 들어

> 본 최초의 이름이었기 때문이다. 그것은 내가 그 서클을 이미 떠나 김나지움 1학년이 되었을 때였다. 이제 내가 뤼조우 강가에 가면, 나는 항시 그녀의 집을 눈으로 찾아보았다. 우연히 작은 정원이 건너편 강가에 물가에 맞닿아서 놓여있었다. 그리고 나는 오랫동안 그 정원을 그녀의 이름과 내심 결부시켜 생각을 하여, 저 건너편에 닿을 수 없이 펼쳐진 그 꽃밭이 어려 죽은 그녀의 유해 없는 기념비 Kenotaph가 아닐까 확신하게 되었다(Benjamin 1987, 34).

어릴 적 같은 반이었던 루이제 폰 란다우는 베를린 서부의 시민계급의 교우관계에서 보자면 낯선 귀족의 이름을 하고 있었기에 기억에 남는 친구이기도 하지만, 어린 벤야민에게 처음 '죽음의 악센트'를 들려준 이름이었기에 평생 마음 속에 남은 이름이다. 이글의 도입부에서 어린 벤야민 일행이 루이제 폰 란다우와 공부한 선생님인 헬레네 풀팔Helene Pufahl의 약자인 P와 L이 마치 묘비처럼 기억이 난다는 언급을 하고 있어, 이 글이 죽음의 알레고리에 대한 회고임을 읽어낼 수 있다. 어린 나이에 유명을 달리한 친구에 대한 기억은 뤼조우 운하 강변을 걷다보면 보이는 옛 친구의 집을 통해서 강화된다. 친구의 옛집이 유해 없는 기념비로써 그녀의 죽음을 회상하게 한다. 운하는 마치 스틱스의 강처럼 이승과 저승을 나누고 친구의 옛집과 화자를 나누고 있어, 시간적 간극과 더불어 의미 층위의 전위를 보여준다. 친구의 옛집은 빈무덤의 메타퍼와 연관되어 역동적인 해석을 가하기에 충분하다. 빈 무덤은 결코 허명의 상징이 아니라, 빈 공간에 무엇인가를 새로이 채울 수 있는, 또한 완결을 향한 새로운 도전의 표상이며, 빈 공간의 공간성이 부여하는 생산성이라는 이름으로 이해할 수 있다(Günzel 2007, 113; 벤야민/김영룡 2022, 116). 지도를 보는 것이 실제 여행을 결코 대체 할 수 없는 것과 마찬가지로, 직접적인 세계 지각은 어떤 상징체계를 통해서도 대체되지 않는다(김영룡 2014, 119). 죽음에서 부활한 예수가 진리의 모습을 상징화하고 있듯이 죽음은 종말이 아니라 회상과 새로운 출발을 위한 잠깐 멈춤일 것이다. 죽음의 악센트/빈무덤은 표상의 위기를 넘어서는 알레고리이다.

3 일상의 보람과 시간에의 바람

죽음/빈무덤의 알레고리와 달리 단테의 『신곡』에 나오는 지옥의 모습에는 무덤 가득 주검들이 널려있다. 베르길리우스와 함께 1300년 부활절 금요일에 지옥과 연옥 그리고 천국을 여행하는 신성한 단테의 모습에서 당대의 정치적 현실에 고통당하며 떠나온 고향에의 아쉬움과 회환의 심정을 토로하는 세속적인 시인의 모습을 읽어내었던 에리히 아우어바흐Erich Auerbach는 망명지 이스탄불의 열악한 도서관 현실에도 불구하고 떠나온 마르부르크와 베를린에 대한 향수와 더불어 다시는 고향으로 되돌아가지 못할 것이라는 예시에서 『미메시스』(1946)를 집필한다(김영룡 2011, 참조). 죽음의 모티브와 빈무덤의 알레고리에서 새로운 출발과 부활의 이야기를 하고 있는 벤야민의 에피소드와 달리 아우어바흐는 보다 세속적인 표상들을 죽음의 묘사와 주검들과의 대화를 통해서 이끌어낸다. 『미메시스』의 단테 편은 다음과 같이 지옥 10곡의 기다란 인용으로 시작한다.

'오, 토스카나인이여, 자네는 이 불의 마을을
산 몸인 채 아주 점잖게 말하면서 지나가는데
괜찮다면 여기 잠깐 머물러 주지 않겠나.
자네 말씨로 미루어 분명
자네는 저 고귀한 나라 피렌체 출신인 것 같은데
아무래도 나는 생전에 그 나라에 너무 폐를 끼친 것 같다.'

갑자기 이런 말이 무덤 하나에서 들려왔다.
그래서 겁을 먹은 나는
길잡이 쪽으로 몸을 바싹 붙였다.
그러자 길잡이가 말했다. '저쪽을 봐라. 뭘 하고 있나.
저기 파리나타가 일어섰다.
허리서부터 위는 모두 보인다.'
나는 곧 얼굴을 돌려 그의 얼굴을 응시했다.
그는 지옥을 조롱하듯
가슴을 젖혀 얼굴을 쳐들고 서 있었다.
길잡이는 대담하게 재빨리 두 손으로 나를
무덤 사이에서 그의 쪽으로 떠밀며
주의를 주었다. '너 말을 잘 선택해서 해야 해.'

내가 그의 무덤 앞으로 가자
그는 잠시 나를 처다 본 다음 마치 얕잡아보듯이
물었다. '너희 조상은 누구누구냐?'
파리나타에게는 자진해서 복종하겠다고 원하던 터라

나는 숨기지 않고 모든 것을 털어놓았다.
그러자 그는 눈썹을 약간 치켜 올리며 말했다.
'그들은 완강하게 나와 나의 일족과 내 당파에게
원수를 졌다. 그래서 너희 조상을
나는 두 번이나 나라 밖으로 내몰았다.'
'추방되었다고는 하나 사방에서 또다시 돌아왔소,
첫 번째도 다음 번째도.' 하고 내가 대꾸했다.
'그러나 당신의 당파 사람들은 그 재간을 알지 못했소.'

그때 열려있던 무덤에서 다른 망령이
파리나타 옆에서 턱까지만 얼굴을 드러냈다.
무릎을 꿇고 일어난 게 틀림없다.
망령은 내 주위를 휘둘러보았다. 마치 누구 다른 사람이
나와 함께 있지만 않나 하고 살피는 것 같았으나
그 기대가 전혀 어긋났음을 알자
울먹이는 소리로 말했다. '만약 자네가 그 재능으로 해서
이 장님의 감옥을 건널 수 있다면
내 아들은 어디 있지? 왜 자네 곁에 없나?'
내가 대답했다. '나는 내 힘으로 온 것이 아니오.
저기 계신 분이 나를 안내해 주셨소.
그러나 댁의 구이도 군은 저 스승님을 무척 경멸했었소.'
이 망령의 이름은 그 말이나 응보의 벌을 보고
내가 금방 알아차렸으므로
이와 같이 자신 있게 대답할 수가 있었던 것이다.

그러자 그는 갑자기 일어서며 외쳤다. '자네, 뭐라고 했지,
그럼 아들은 죽었단 말인가?
화창한 햇빛은 이제 아들의 눈을 비추지 않는단 말인가?'
다소 망설이는 것을 눈치 채자 그는
뒤로 자빠져 쓰러지더니 두 번 다시 밖으로 모습을 나타내지 않았다.

그러나 나더러 머물도록 부탁한 먼젓번의 대담한 자는
얼굴색 하나 바꾸지 않고
머리도 움직이지 않고 꼼짝도 않는다.
그리고 하던 말을 다시 계속하여
'만약 내 당의 인사들이 귀국할 재주를 몰랐다고 한다면
그건 나로서 이 지옥의 바닥 보다 더한 괴로움이다.'
(단테 1981, 41f.)

『신곡』은 문어체 라틴어의 한계를 넘어선 토스카나 지역의 방언을 중심으로 생생한 구어체의 문장을 통해서 근대 이탈리아어를 형성하는데 결정적인 영향을 끼쳤다고 평가된다. 특히 다양한 인물들에 대한 묘사와 평가, 정치적 현실에 대한 우의적 표현 등을 통해 중세 알레고리 문학의 최고봉이라 할 만하다. 『미메시스』에서 아우어바흐는 호머에서 버지니아 울프에 이르는 다양한 문학 작품의 인용문들을 분절적으로 제시한다. 하필 이 구절을 인용하여 작품을 설명하는가 하는 질문에는 그러한 구절의 선택이 우연적이며 자의적(恣意的)이라고 아우어바흐는 후기에 적고 있다(Auerbach 1994, 517). 단테의 『신곡』 편에서 선택한 위의 긴 문장은 그럼에도 자의적인 선택

은 아닌 듯 싶다. 베르길리우스와 지옥을 순례하던 단테의 목소리를 듣고 관 속에 잠들어 있던 파리나타가 깨어나서 두 사람의 길을 멈추게 하는 이 장면에 앞서, 이곳은 이단과 무신론자들의 주검들이라고 베르길리우스는 이야기한다. 이때 '오 토스카나 사람이여 O Tosco' 하는 소리를 내 뱉으며 관 속에서 한 인물이 튕겨 나온다. 베르길리우스는 이 죽은 자가 바로 파리나타임을 알려준다. 그는 황제주의자 당인 기벨리노 당의 지도자이며 피렌체의 군인으로서 단테의 탄생 이전에 죽은 사람이다. 파리나타와의 대화를 계속하는 찰나 다시금 누군가 다시 관에서 깨어나는데 그는 단테의 유년기의 친구 구이도 카발칸테의 아버지이다. 카발칸테는 아들 구이도가 죽었다는 사실을 직감하고 다시금 관에 누워버리고, 곧이어 파리나타와의 대화가 다시 이어진다. 정치적 신념에 가득 찬 고상한 파리나타와 자식의 안위에만 급급한 카발칸테의 대립적인 모습이 드러나는 이 문장에서 아우어바흐는 비유적 예시로서의 피구라 개념을 설명한다(vgl. Auerbach 1938; Torra-Mattenklott 2016, 21). 고상한 파리나타와 세속적인 카발칸테의 형상을 단테의 묘사에서 읽어내는 아우어바흐의 독법은 전통적인 해석학 전통에서 보자면 문법적 해석에 기반한 알레고리적(우의적) 해석 방법이라 할 수 있다. 벤야민과 페터 쫀디의 경우 알레고리적 해석에서 영원성이 해체되고 죽음을 통해서 다시금 새로운 시작을 할 수 있는 '빈 무덤'의 알레고리를 읽어내었다면, 아우어바흐가 바라보는 파리나타와 카발칸테의 에피소드에서는 주검들이 마치 살아있는 사람들처럼 보여진다. 그들의 관들은 시체들로 가득 차 있으며 그 어디에서도 빈 무덤은 찾을 수 없다. 아우어바흐의 말을 빌리자면, '그들은 죽은 자들처럼 행동하는 것이 아니라 살아 있는 것처럼 행동하였다. 여기에서 우리는 단테의 리얼리즘이라고 부르는 것의 경이, 아니 역설에 부딪친다(Auerbach 1994, 182).' 서구의 중세문학사를 막 지나온 단테와 밀튼의 사례에서 잘 드러나고 있듯이 중세의 수사학 개념이 주창하였던 교리해석학의 전통을 벗어나는 세속적인 형상들, 즉 피구라가 창조됨으로서 서구 문학사는 새로운 시대를 열었다. 문학의 형상화라는 새로운 시대는 현실에 대한 미메시스, 즉 하느님과 신들의 이야기에만 국한되던 고대와 중세의 이야기 전통을 벗어나서 속세의 인물들에 이야기를 집중하고 있어, 이를 현실에 대한 리얼리즘이라고 아우어바흐는 보고 있다. 알레고리Index de allegoriis는 지표가 표상하는 의미 연관을 넘어서는 추상적인 표징을 포함하는 반면에 피구라Index figurarum에서는 실제적인 역사적 존재에 근거하여 리얼리즘을 내포한다는 것이다. 더 나아가서 『미메시스』에 실린 다양한 텍스트들에 대한 해석을 통해, 알레고리는 지구상의 '수평적인' 이야기의 전개라면, 피구라적 서사는 천상과 지상간의 '수직적인' 이동의 특성을 지닌다고 설파함으로써, 한시적이며 인과관계에 근거한 알레고리적 서사와 운명론적이며 종말론적인 의미를 내포한 피구라적 서사를 구분 지운다. 단테는 다음과 같이 피구라적 서사가 표상의 지표성에 대한 바람을 어떻게 충족시키며, 보람 있는 시적 형식으로 발전하는가를 설명한다. '인간의 이미지가 신의 이미지보다 앞에 나타나게 됨으로써, 단테의 작품은 인간의 기독교적-피구라적 본질을 형상화하고, 그 실현과정에서 자신이 파멸한다. 액자안의 이미지가 거대한 액자를 부셔버린 셈이다(Auerbach 1994, 193).' 시인은 꿈꾸는 자와 달리 액자에서 이미지를 불러낸다고 하였던 벤야민의 알레고리 개념과도 같이 아우어바흐의 피구라 개넘에서도 역시 현실 묘사의 바람 속에서 자율성을 갖게 된다. 따라서 아우어바흐의 피구라적 세계관에서 보자면 단테의 지옥에도 파리나타와 같은 위대한 영혼이 머문다. 다만 이곳의 죽은 자들은 무덤을 지키고 있을 뿐이다.

카프카의 유고 중에는 「비유에 관하여Von den Gleichnissen」라는 짧은 글이 있다. 두 사람의 화자는 비유에 대해서 다음과 같은 대화를 나눈다.

> 많은 사람들은 현자의 말은 단지 비유일 뿐 일상생활에서는 아무런 쓸모가 없다고 불평한다. 그리고 그들에 따르면 우리에게 존재하는 거라곤 오직 일상뿐이다. 만약 현자가 '저편으로 가지'라고 말한다 하더라도, 이는 우리가 실제 어떤 장소로 건너가야 한다는 것을 의미하지 않는다. 그 결과가 어떤 가치가 있다면 어떻게 해서든 해내겠지만 말이다. 그가 의미한 것은 어떤 전설 속에 존재하는 것과 같은 '저편'인데, 이는 미지의 곳으로 현자 자신도 구체적으로 표현할 수 없기 때문에 지금 우리에게는 실상 어떤 도움도 줄 수 없다. 이런 모든 비유들이 원래 말하려는 것은 다름이 아니라 파악할 수 없는 것은 파악 할 수 없다는 것인데 우리는 그 사실을 이미 알고 있다. 하지만 우리가 매일 애써서 하는 것은 다른 데 있다. 그러자 누군가 이렇게 말했다. "왜 너희는 스스로를 가로 막지? 너희가 비유를 따라간다면 너희 스스로가 비유가 되어 일상적인 노력에서 자유로워 질텐데." 그러자 다른 한명이 말했다. "나는 그 말도 비유라고 확신해." 첫 번째 사람이 말했다. "네가 이겼어." 두 번째 사람이 말했다. "그러나 유감스럽게도 비유

> 속에서 만이야." 첫 번째 사람이 말했다. "아니, 현실 속에서 그렇지. 비유 속에서 넌 진거야."(Kafka 2022, 257f.)

야아우스Oliver Jahraus의 견해에 따르자면 카프카의 우화들은 문학 해석이 품은 문제의식을 형식 내재적으로 구현하고 있는 바, 카프카의 비유들은 스스로 해석을 찾고자 한다(Jahraus 1994, 385). 「비유에 관하여」에서는 비유와 현실은 동일한 층위에서 이야기되어 진다. 현실 세계와 비유의 세계의 구분은 없고, 현실을 비유적으로 설명하고자 하는 바람, 현실의 본질을 이야기로 표현하고자 하는 바람과 소망이 글쓰기의 본질을 이룬다면, 그 바람이 보람으로 승화되는 순간은 이야기와 현실 사이의 차별성이 존재하지 않다고 보아야만 할 것이다. 따라서 위의 글에서 비유는 현실에서 벗어난 것이라 믿는 두 번째 화자는 어차피 이길 수 없는 운명에 처해있다. 이는 현대 사회가 지닌 표상의 지표성 위기와는 그 근원에서는 다르지만, 이미 살펴본 해석학 논의에서 이야기된 언어의 '노화'에 비견할 만한 '역사성'의 문제를 야기한다.

근대 이래로 찾고자 했던 하늘에 떠있는 별을 향해서 이제는 인공위성을 쏘아대는 시대가 되었으며, 판타지와 버츄얼리티가 잊고 있던 총체성을 대체하고, 알고리즘과 코딩이 사춘기 청춘들에게서 『데미안』을 읽는 설레임을 빼앗아 간지 이미 오래 지난일이 되었다. 문학이란 말보다는 내러티브와 문화콘텐츠에 더 친밀감을 느끼고, 원형적 사유에 대한 근원적 관심은 일상의 표피적 동질감으로 대체되었다. 그럼에도 사람들은 '자아'를 찾아서 세계 곳곳을 걷고 있으며, 야고보 성인의 발자취를 찾아나서 산티아고 순례 길의 끝에서 보게 되는 것이 - 지명에도 나타난 - 하늘에 떠있을 별을 찾아 나서는 여정임을 깨닫지 못한다. 그럼에도 인간의 글쓰기에 대한 최근의 연구에서 작가들에게 무슨 일을 하는가 하는 질문을 던지는 에피소드가 나온다. 대답은 "글을 써요Ich schreibe"였다는 것이다(Amlinger 2021, 480). 여기에서는 소설을 쓰는지 일기를 쓰던지 그 대상은 상관없이 단지 글을 쓴다는 행위 자체가 우리의 존재 기반이 아닐까 하는 문제의식이 드러난다. 활자문학 이전에 스토리가 존재했었다는 논의와 더불어 이젠 활자화된 서적과 매체화된 여타 문학적 행위 이전에 글쓰기가 있었다는 논의를 염두에 둔다면, 인공지능과 챗GPT의 담대한 도전이 낳을 재현의 패러다임에 대비한 우리 인간의 이미지 창조가 지닌 책임감 역시 강조되어야 할 것이다. 살펴본바와 같이 문헌학적 인식은 우리의 문학적 행위가 자명한 일이며 글쓰기가 마치 인간의 의식주 행위와 마찬가지로 실존적인 행위라는 사실을 규명하는데 기여한다.

아감벤에 따르자면 예수는 복음서에서 빈번히 비유를 사용하여 복음을 전파하였는데 이때 사용하는 '비유parabola'라는 말에서 '말하다parlare'라는 동사가 유래했다고 한다(아감벤 2016, 39). 하늘나라에 대한 비유와 다른 예수의 복음에서 비유를 읽어낼 수 있는 것은 마치 아우어바흐가 단테의 지옥 편에서 피구라, 즉 예시적 비유를 읽어내는 것과 마찬가지로 해석학적 전통에서 '문자적 의미sensus litteralis'를 추구하는 문법적 해석을 넘어서는 '정신적 의미sensus spiritualis'를 찾고자 알레고리적(우의적) 해석을 시도하는 것과 그 바람이 같다. 그리고 문자 그대로의 의미와 정신적 의미가 서로 분리되지 않고 서로 상응한다는 생각은 벤야민의 사유 이미지의 글쓰기에서 잘 드러나 있음을 우리는 이미 살펴보았다. 페터 쫀디가 해석학 강의를 통해서 설파하고자 한 바는 이러한 맥락 하에서 이미 이해될 수 있을 것이다. 이런 의미연관 하에서 파울 첼란, 장 아메리, 쫀디 자신과 잉에보르크 바흐만을 죽음으로 이끈 정서적 공감이라 할 수 있는 알레고리적 사유와 죽음의 유사성, 실존의 전제가 되는 진실이 내재된 언어에 대한 추구가 이해된다. 벤야민의 「저 멀리와 이미지」에서 이야기되었던 세상의 이미지를 액자 속에 잡아 놓고자 했던 꿈꾸는 자들의 모습이 페터 쫀디와 그 친구들의 모습일 것이며, 그들의 죽음을 이해하는 데는 단테의 신곡을 설명하는 아우어바흐의 피구라 개념에서 그 단초를 찾을 수 있다. 아우어바흐는 단테의 『신곡』에 나타난 예시적 비유를 설명하고자 피구라적 세계관이 내포된 장대한 이미지가 규범으로서의 액자를 깨뜨리고 만다는 설명을 함으로써, 그들의 삶이 급격한 단절을 경험할 수밖에 없음의 이유를 깨우치게 한다. 이 '삶에 부딪쳐 파열한 형식의 파열das Zerschellen der Form am Leben'(Lukács 2011, 56)의 길 떠남에 있어서는 행위의 몸짓과 새로운 시도의 형식만이 삶의 절대적인 것을 표현하는 유일한 길이라고 이야기된다. 죽음의 내적 필연성은 그러나 후대와의 교감을 통해서 재생산되어야 한다. '빈 무덤'의 메타퍼에서와 같이 말이다. 글쓰기/문학은 이미 죽음을 내포한다. 살아있는 언어로서의 대화와 이야기는 문자로 전이되고 활자화됨으로써 더 이상 변화와 생동감을 보여줄 수 없어 경직되고 사망한 것이나 다름없다. 피레네의 산맥 그 언저리에서나, 뉴헤븐의 대학 교정 잔디 위에서이든지, 센강의 차가운 얼음물 속이나 할렌제의 뿌연 안개 속, 혹은 로마의 한 아파트의 가스 폭발과 같이 서로 상이한 죽음의 장소들이라고 하지만, 여기에서 다뤄진 작가들은 죽음이라 한들 결코 그들이 품었던 진리를 비추는 열정의 불꽃이 꺼뜨리지 않을 것임을 그렇게 못할 것임을 행위의 몸짓으로 구현하여, 마치 단테의 파리나타와 같이 고결함을 잃지 않고 연옥 어디에선가, 지옥에 이르는 길 위에서 한없이 우리를 기다리고 있다.

시한부 판정을 받은 신학자 타우베스Jacob Taubes는 마치 '유언을 집필하는 심정으로' 『로마서』 8장과 벤야민의 「신학적-정치적 단편Theologisch-politisches Fragment」(Benjamin 1991, 203 f.) 사이의 2000여 년의 시간을 뛰어 넘는 유사성을 설파한바 있다(Taubes 1995). 더욱이 이 논집에 영감을 받은 아감벤Giorgio Agamben은 다시금 바오로 서간과 벤야민의 역사철학 테제 사이의 '피구라적' 유사성을 기록한다(Agamben 2006). 타우베스의 이론에 따르자면 벤야민의 역사의식은 바오로 사도의 역사관과 동일하다. 벤야민의 역사의식은 다음과 같은 문장에 함축된다. 즉, "역사는 어떤 구성이나 구조물의 대상인데, 이 구조물이 설 장소를 형성하고 있는 것은 동질적이고 공허한 시간이 아니라, '지금 이때Jetztzeit'에 의해 충만된 시간이다(Benjamin 1991, 701)." 유대 묵시문학의 전통에 따르자면, 역사의 종말 이후에야 역사의 기록은 가능하다. 그러나 우리가 사는 시간, 혹은 벤야민이나 바오로가 살던 세계는 종말론적이지 않다. 메시아적인 시간은 이 세계의 종말의 시간이 아니라, 종말에 이르는 시간이 얼마 남지 않았다고 믿는 그 어느 지점의 순간, 혹은 현시간과 종말의 사이에 있는 내가 살아가는 그 어느 시점이다. 바오도 사도와 벤야민에게 관심이 있었던 시간은 '남겨진 시간'이다. 이는 메시아의 도래 이후 종말/구원에 이르는 시간인 것이다. 따라서 세속적인 시간chronos(창조에서 메시아적 사건에 이르는 시간)을 이야기하게 되고, 이 '지금이때Jetztzeit/바로 이때ho hyn kairos'부터 종말의 시간parousia에 이르는 남은 시간이 관건이 된다. 이로써 "메시아적 시간의 단편들로 점철된 '지금 이때'로서의 현재라는 개념이 정립된다(Benjamin 1991, 701)." 위기의 순간, 시대의 위기를 낳은 예외적 상황이 마주하는 바는 이 지금이때의 순간들이 만들어놓은 표상들일 것이다. 따라서 문학연구는 구원에 이르는 과정에 내재한 신학적 가치관과 세속적 가치관의 대립과 해소의 상관관계에 비유된다. '지금 이때'를 살아가는 벤야민에게 '남겨진 시간'이란 언제라도 메시아가 들어설 수 있는 조그만 문(Benjamin 1991, 704)을 의미하였고, 지금 여기에서 '지금 이때'를 살아가는 우리 역시 찰나의 순간에 이른 구원의 계기를 고대한다.

이로써 알레고리와 피구라적 토포스와 삶의 형식에 대한 본 연구는 결국 성현Hierophanie의 미적 형상화에 대한 질문에 답하는 길에 접어든 것이다. 작금의 상황은 대화형 인공지능과 빅 데이터에 기반한 여론조작이 경제와 사회전반에 대한 위협요소로 이해된다.[1] 작금의 우리가 겪는 위기는 우리의 지성과 인지능력의 존재기반을 흔드는 인류사에서 유례를 찾아보기 힘든 위기의 시대이며 동시에 예외상황이다(Ther 2019, Gabriel 2021,가브리엘 2022). 이를 인문학 분야, 특히 문학 연구 분야에 국한하자면 인간의 본성에 대한 질문을 자연

1 가령 엘론 머스크는 2023년 4월 17일 CNN과의 인터뷰에서 인공지능 AI가 인류의 문명을 파멸에 이끌 수도 있다는 이야기를 하고 있다. (Vgl. https://edition.cnn.com/2023/04/17/tech/elon-musk-ai-warning-tucker-carlson/index.html , 2023년 5월15일 확인함) 그러나 이렇듯 위기감을 이야기하는 견해가 기실 자신들이 창조한 빅 데이터의 시대를 보다 효율적으로 조종하기 위한 나름의 복안을 감추고 있는 것은 아닐지, 기존의 기술표준을 자의적으로 해석하여, 새로이 자본의 논리를 정당화하고자 함이 아닐지 의심스럽다.

과학적 방법론에 의존하고 있어서 인문학 연구의 고유성이 도외시되고 있다는 의견을 마주 하게 된다(가브리엘 2018, 15). 새 기술표준과 빅 데이터에 기반 한 인지 척도가 자본에 의한 사회 통제와 재화에 대한 독점을 강화시키는 것은 아닐지 하는 의구심이 이러한 우려의 시발점이며, 과학만능주의가 인문학의 위기만이 아니라 인류전체에 대한 위기상황을 야기하는 것이 아닐까 하는 심증이라 할 것이다. 수년간의 비대면 사회의 경험과 알고리즘에 기반 한 '이미지'의 현실지배를 경험하면서 '새로운 계몽'을 주장하는 노력이 있지만, 역부족이라 할 것이다(Gabriel, Horn, Katsman, Krull, Lippold, Pelluchon, Wenzke 2022, 57). 전 지구적 재앙에 대한 위기감은 우리 인류를 다시금 절망감에 빠지게 하기 충분하다. 반면에 그 본질에 있어서는 **표상의 위기**에 지나지 않고, 인공지능 역시 환상에 불과하다는 주장도 존재한다(Gabriel 2021, 19: 가브리엘 2021, 162). 표상의 규범성을 규정하는 (현실)지표성에 대한 논의는 문학의 허구성과 개연성의 문제의식과 그 연원에 있어서 그 맥을 같이 한다. 따라서 우리의 시대가 겪는 표상의 위기를 이야기한다는 것은 문학의 위기를 설명함으로써 그 해법을 찾을 수 있을 것이다. 더군다나 '이미지의 시대'에 문헌학과 문예학의 본질적인 문제의식을 다시금 고민하는 것은 현대의 지표성에 내재한 알레고리적 특성을 이해하는데 유의미할 것이다. 메타-서사를 거부하고 더불어 '시대정신'과 이성의 존재를 거부하는 포스트모더니즘의 사상이 팬데믹과 우크라이나 전쟁을 통해서 부정되는 해체되는 과정을 목도하고 있어, 다시금 계몽의 정신이 미래의 불안을 극복하는 새로운 지표가 될 수 있을지 하는 문제의식이 대두되고 있다. 챗GPT와 인공지능이 담론형성의 기제로 자리 잡은 작금의 상황에서 고전적인 인문학의 담론이 고유성을 지켜내어 '과학화된' 현실 상황 하에서 문학/인문학의 존재기반을 공고하게 할 수 있을지 하는 의문이 본 연구의 출발점이다. 인간의 본질과 인문학의 연구대상을 '산술적 이성'의 산물로 이해하는 것은 자칫 우리 사회의 미래를 위해서는 위험한 발상이 될 수 있고, 더구나 정신과학과 자연과학을 구분지우는 전통적인 해석학의 역사에서 조차 자연과학의 규범으로 정량화된 인문과학의 모습을 읽어낼 수 있음을 본다(vgl. 가브리엘 2018, 69). 원래 해석학Hermeneutik은 사안을 '이해'하고자 하는 정신과학의 방법론으로 이야기되었기에, 정신을 강조하는 독일 관념론의 자기실현의 과정은 작금의 자연과학적 세계관이 자칫 야기한 비성찰적인 인간이해를 개선할 수 있으리라는 믿음을 설파한바 있다. 인공지능과 챗GPT, 더불어 팬데믹이 야기한 인간성의 위기와 더불어 인문학과 문헌학의 미래에 대한 논의는 여기에서 몇 가지 단초를 찾을 수 있다. 새로운 매체상황 하에서 요구되는 새로운 경험공유의 기제가 어떤 모습이어야 할지 우리는 많은 고민을 필요로 한다(Gumbrecht 2003, 20). 이 글에서는 이러한 문제의식에 답을 구하고자 페터 쫀디의 삶에 투영된 발터 벤야민과 에리히 아우어바흐의 흔적을 되새김하였다. 주지하다시피 파시즘의 위협을 피해 고향 베를린을 떠나야만 했던 벤야민이 독일군의 프랑스 점령으로 인해 다시금 미국으로의 망명을 떠나고자 길을 나선 마지막 여정을 경주하던 시기에 헝가리 부다페스트의 엘리트 김나지움을 다니던 쫀디는 게토로 강제 이주당한다. 쫀디의 전기적 자료들에 따르자면, 아버지 레오폴드 쫀디 뿐 아니라 친가와 외가의 여러 친척들은 당시 헝가리 사회의 엘리트 계층에 속해 있었기에 게토로 내몰려 노란 다윗의 별 문양을 옷에 달게 되어서야 자신의 태생이 주는 역사적 진실을 숙명으로 받아들였다. 게오르그 루카치와 칼 만하임, 아놀드 하우저와 같은 헝가리 태생의 유명한 유태계 지식인들 달리, 조지 소로스와 동갑이었던 페터 쫀디는 게토의 연락병 소년의 역할을 하면서 삶과 죽음의 전령으로서 사춘기를 보냈다. 주지하다시피 해석학이란 단어가 신화속의 전령인 헤르메스에서 유래했다고 한다. 가까스로 삶을 영위하고 전쟁이 끝나고 에밀 슈타이거 휘하에서 학업을 계속하였던 페터 쫀디에게 유태인 수용소에서 보낸 유년의 기억은 죽음의 알레고리들이었을 것이다. 되돌아 갈 곳이 없었기에 죽음을 택한 벤야민의 소심함과 기나긴 오디세이 끝에 도달한 운명을 통해서 삶의 위안을 찾은 에리히 아우어바흐의 느긋함 사이에서 쫀디가 천착했던 바는 '잃어버린 미래를' 찾고자 함이다(vgl. Szondi 1973). 그리고 시한부 인생의 타우베스 교수와 마찬가지로 언제고 죽음을 염두에 둔 쫀디는, 그의 친구 첼란이 그랬듯이, 그리고 바흐만이 그러하게 되었듯이 역사가 더 이상 원하는 방향으로 나아가지 못하는 순간에 시간의 수레바퀴에 자신의 몸을 던진다. 이는 결코 삶의 방기가 아니며, 단순히 그 어떤 교훈성을 주기위한 자기희생의 방편도 더욱 아니다. 키에르케고르의 몸짓에서 읽어낸 청년 루카치의 형식들에서 읽혀지며, 아직 꿈에 부푼 발터 벤야민의 교수자격 논문에서 우리가 계속적으로 읽어내고 있으며, 사도 바오로와 에리히 아우어바흐가 성경의 전형성을 넘어서며 계시적으로 보여주고자 한 피구라적 완결성의 한 방편이다. 상징Sinnbild를 넘어서는 사유이미지Denkbild의 효력은 비극적인 현실을 단지 알레고리적으로 바라보아야했던 페터 쫀디의 삶과 문학관을 통해서 이해되기 충분하다. 벤야민의 주장대로 알레고리의 전제가 죽음이라면(vgl. Waldow 2006), 챗GPT와 인공지능의 시대에 문학이 서사의 진정성을 되찾고자 하는 시도는 벤야민과 타우베스, 그리고 쫀디와 그 친구들의 문학이 보여주는, 눈 앞의 일상에 대한 바람과 지난 기억 속에서 미래를 읽어내는 일의 보람, 즉 현실의 바람과 그 성취의 보람을 미리 이야기할 수 있는 지점에서 출발해야 한다. 문학과 인문학은 단지 현실에의 안주와 상황에 대한 묘사와 그 스토리텔링을 넘어서는 미래에 대한 '선취vatum praesagia'와 예견을 통해서 현재와 미래 사회의 구성원들과의 소통을 담보한다.

6

에필로그 〈스페이스 오디세이 2000: 리로드〉

카프카 사망 100주년과
프랑크푸르트 사회연구소 설립
100주년을 기리며

현대사회의 자기 정체성에 대한 질문을 던지는 기제로서 인문학과 문학의 중요성은 매우 절박하다. 인공지능과 빅 데이터 기술의 발전에 따른 '문학텍스트의 위상' 변화에 대한 인식 및 텍스트-이미지-가상공간의 상호연관성 속에서 생가하건데 우리는 '텍스트 기능'에 대한 새로운 이해가 필요하다. 기존의 디지털 이미지와 새로운 문화 인터페이스에 대한 논의는 다음과 같은 논지에서 이해되고 있다. 즉, 첫째, 상이한 인터페이스 간의 코드 전환과정과 새로운 문화인터페이스 규명을 통한 디지털 미학의 기본 개념 논구: 뉴미디어 시대의 문화(예술) 현상들의 퍼포먼스적 요소와 코드 변환적 요소들에 대한 제시를 통해서 이제껏 미개척 분야인 디지털 미학의 기본 개념들을 제시할 수 있다. 이는 디지털 문화현상의 해석적 측면뿐 아니라 생산미학적 관점에서도 유용하리라 기대된다.

둘째, 휴먼-컴퓨터-문화인터페이스의 문화콘텐츠 재생산과정 속에서의 인문학의 영역 확장: 디지털 문화 현상들의 연구 모델과 그 이론적 토대를 제시함으로써 기존의 인문학이 지닌 소위 '사회적 비효용성'의 극복 가능성을 제시 할 수 있을 것이다. 이는 인문학의 지평을 확대하는 길이며 동시에 학문적 정통성의 확보에 매우 유용한 단초를 제공할 것이다. 셋째, 디지털시대 문화인터페이스의 새로운

인문학 제시: 인문학이 더 이상 개별적인 학자들의 문헌학적 연구의 대상만이 아니며, 학제 간 공동연구와 상호보완적인 지식 공유 체계의 정향성 제시에 인문학이 기여하는 계기로 작용할 수 있을 것이다. 이는 연구자 간의 학제 간 연구를 뛰어넘어서 대학 커리큘럼상의 변화를 유도하게도 될 것이다.

더욱이 서구의 문화학 연구 동향과 학제변화에 대한 정책적 제안 제시는 국내 인문학 연구의 패러다임에 혁신적인 변화의 가능성을 제시하게 될 것이다. 인간이 주도적으로 인공지능 혹은 빅 데이터의 시스템을 제어하지 못한다면, 인류는 거대한 위기에 직면하게 된다고 보아야 하며 더욱이 이는 전통적인 시각문화의 위기를 이야기하게 된다. 이미 우리가 경험하고 있는 바와 같이 종이책의 소멸은 현실화되었으며, 기존 도서 유통과 도서관 시스템에도 급격한 변화를 가져왔다. 물론 전통적인 텍스트 중심 학문의 위기와 더불어 대학 내 인문학부의 위기도 같은 길을 가고 있다. 주지하다시피 텍스트의 이동과 수정이 용이한 디지털 세계에서 아날로그 저자의 공간적 안정성이 침식되어 나타난다. 사고의 이미지는 새로이 배열되는 텍스트들 속에서 재배치되어, 문학의 이미지는 반복되어 새로이 담지되어진다는 전통적인 텍스트 모델과 이에 대한 문헌학적 탐구의 과정은 빌렘 플루서의 말을 빌려 보건데 더 이상 하나의 주어진 세계의 주체만이 아니라 대안적 세계의 기획/투사로서 존재한다. 이는 들뢰즈와 가타리가 설파한, 리좀에 비견할 만한 현대의 네트워크 시스템을 의미한다. 또한 동시에 개별주체가 아닌 표현들의 공동 연결망에 근거한 새로운 텍스트 문화를 보여주는 실례이다. 이러한 리좀을 만드는 것이 글쓰기이며, 수천 개의 고원에서 자유롭게 실현되는 기호들의 관계 망을 만드는 일이 텍스트의 존재이유이다. 그러나 '주체의 죽음'(롤랑 바르트)에서 푸코의 포스트모더니즘 담론, 벤야민에서 플루서에 이르는 이미지이론, 키틀러와 맥루한의 네트워크 담론에 이르기까지 디지털 시대의 도래는 전통적인 문헌학의 부재를 야기한다. 마크 포스터는 문화가 산업이 되어버린 시대에, 아날로그 작가가 그 문화상품에 대한 지배력을 상실한 시기와 인문학 분야의 학문 분과가 제도 속으로 편입된 시기가 일치하다는 점을 지적하면서 이 '역사의 아이러니'가 실은 작가성의 부재에서 기인함을 이야기한다. 달리 말해서 디지털 글쓰기와 인공지능에 기반 한 디지털 인문학의 생산양식의 하부구조에는 인간의 자취가 사라진 지 오래이다. 기술의 발전이 낳은 소위 디지털 인문학의 발전이 결코 인문학의 미래를 밝게 만들지 못할 것이라는 조심스러운 우려가 바로 이 지점에서 출발한다. 이 문제의식을 우리는 다음과 같이 테제화 할 수 있다. 즉, 디지털 텍스트가 지닌 즉시성은 도리어 전통적인 공간적 안정성을 침식한다. 그럼에도 우리가 겪어온 미디어기술의 발전과 (인)문학의 발전은 우리에게 다른 교훈을 보여준다. 가령 피카소의 그림을 선호하지 않았던 보수적인 관객이 찰리 채플린 영화에는 열광하였다고 설파한 벤야민의 논지를 쫓아보자면, 킨들의 흑백 전자 잉크에는 별 감응 없던 독자들이 스마트 폰의 앱들에 열광하고, 더 이상 읽히지 않던 고전 소설들이 넷플릭스의 새로운 창의력의 보고로 탈바꿈한 이유는 동일한 것이다. 실례로 서구의 철학적 전통은 "사유에 대해서 뿐만 아니라 글쓰기에 대해서 성찰하고 근대인들에게 저자성을 부여하게 되었다. 더욱이 근대의 철학은 학술적 규준화의 압력을 탈피하고, 보다 보편적인 공론장에 관심을 갖게 된다. 르네상스이래로 공론장을 서구의 여론 및 이념 형성의 척도가 된다. 글쓰기 자체가 논의의 대상이 되어 감으로써 철학자와 학자공화국 사이의 의미론적 상관관계는 의식적으로 제도화되어 갔다. 이성의 새로운 문화는 '상상의 공간'인 공론장에서 계속 확장되어 갔다"(김영룡 2014,14). 남은 질문은 역사의 드라마에서는 이미 무대를 떠난 신이 여전히 관객으로 남아 있어야만 했던 서구의 근대가 지녔던 비극적인 역사 철학적 전제가 무엇인가에 대한 질문과 다름이 아니다. 페터 쫀디가 설명하고 있듯이 르네상스 이래의 근대의 드라마는 형식적으로 '절대적'이다. '극적으로 남기위해서 드라마는 드라마 형식 이외의 모든 외적인 것으로부터 분리되었으며', 따라서 극적인 형식은 절대적이다(Szondi 1976,17). 디지털 시대의 문학 역시 절대적이다. 벤야민의 아우라는 이러한 관점에서 보자면 작품에 아날로그적으로 각인된 저자성이다. 이러한 아날로그 저자성은 이젠 전자적으로 매개된 커뮤니케이션의 단계에서는 '현실'과 이중적인 관계를 견지하게 된다. '매개된' 현실은 단순히 현실을 표상하는 것뿐만이 아니라, 현실을 대체한다. 반면에 문헌학의 대상이 되는 언어와 그 짜임새로서의 텍스트는 현실의 표상일 뿐 결코 현실을 대체하고자 않는다. 문헌학적 인식의 본질은 경험적 사실의 탐구에 국한되는 것이 아니며 객관성을 빌미로 인식의 주체를 배제시키려는 시도가 아니다.

작가와 독자의 공유지점이 책이라는 물질적 특성을 넘어서, 소위 상상의 공간에서 일치하는 과정이 글쓰기와 독서의 과정이라면, 디지털시대의 글쓰기 역시 작가와 독자 사이의 그 어떤 일치의 과정을 전제로 한다. 벤야민의 서사이론에서는 이러한 일치의 과정을 경험의 공유에서 찾고 있으며, 페터 쫀디가 문헌학적 인식의 본질로서

추앙하고자 하는바 역시 이미 살펴본 바와 같이 우리의 문학적 행위가 자명한 일이며 글쓰기 역시 실존적인 행위라는 사실이다.

현대의 이론가들은 가상현실과 같은 투명한 테크놀로지는 데카르트적 자아를 단순히 반복하는 것이 아니라 오히려 재매개Remediation한다고 주장한다. 그러나 데카르트적 자아에게서 관건이 되는 것은 현실에서와는 다른 또 하나의 공간을 소유하는 것이었다.[1] 이 당시 이러한 일이 가능할 수 있었던 것은 인쇄문화와 출판이라는 근대적 사유의 기본조건이 충족되었기 때문이라는 견해가 지배적이다. 이 점에서 보자면 우리는 현대의 가상적인 탈마법화의 세계를 탈신화화된 세계인식의 '재매개적' 발현으로 이해할 수 있을 것이다. 르네상스시대의 철학자는 사유에 대해서 뿐만 아니라 글쓰기에 대해서 성찰하고 자신의 내면에서 '상상의 공간'을 찾았다. 이는 자신을 작가로서 새롭게 발견한 것이기도 하다.[2] 이점은 *'사적영역의 공유화'*

1 데카르트는 '상상의 공간 espaces imaginaires'을 통해서, 자아와 세계 사이의 매개라는 문제성을 이야기하고자 한다. 새로운 지식은 미래에 대한 약속이며, 경험적으로 이미 존재하는 것이 아니라 이제 새로이 생산될 것으로 여겨졌으며, 세계는 아직 쓰여지지 않은 채 존재하는 텍스트처럼 여겨졌다. 인간과 세계 사이의 관계 구조와 더불어 사물의 질서를 새로이 규정하는 것은 오성의 사용자로서의 작가의 탄생을 이야기하게 되는 시점에서 가능한 것이다. 신체와 정신의 관계를 정보 전달의 문제로 여겼을 데카르트에게 있어서, 뇌 또는 뇌의 일부분이 정보의 전달에서 미디어의 역할을 한다 할 것이다. 신체적 지각은 매개된 인식인 반면에, 정신과 감각은 내재적이기 때문에 선험적이라 할 것이다. 이는 또한 매개되지 않은 순수한 정신영역의 가능성을 이야기 한다는 것이며 순수정신의 존재는 세계현실에 대한 질문을 가능하게 하는 단초가 된다.

2 철학은 사유에 대해서 뿐만 아니라 글쓰기에 대해서 성찰하고 근대인들에게 저자성을 부여하게 되었다. 더욱이 근대의 철학은 학술적 규준화의 압력을 탈피하고, 보다 보편적인 공론장에 관심을 갖게 된다. 르네상스이래로 공론장을 서구의 여론 및 이념 형성의 척도가 된다. 글쓰기 자체가 논의의 대상이 되어 감으로써 철학자와 학자공화국 사이의 의미론적 상

를 초래한 초연결 사회에서의 서사의 위기를 넘어서는 글쓰기 전략으로도 유효하다. 구어적 전통에서 활자문화로, 원고에서 인쇄의 형태로, 책에서 멀티미디어로 변화되는 매체사적 격변에도 불구하고 여전히 살아남은 문학적 상상력의 잠재적 가능성이라는 측면에서 보자면, 새로운 초연결 사회의 문학의 가능성을 단순히 매체 적응성에서 찾는 것은 잘못일 것이다. 이점은 서문에서 이야기된 바와 같이, '새로운 매체는 새로운 내러티브를 필요로 하는가?'의 질문이 단지 수사학적 질문에 불과하다는 사실인식과 그 맥을 같이 한다.

매체사적으로 보자면 새로운 미디어의 발명과 발전은 이전 미디어 형식을 재구성하면서, 즉 각각의 매체에 결여된 것을 '재매개'하면서 성취해 나아간다 할 것이다. 초창기 무성영화를 의미하던 시네마토그래프Cinematograph/Kinematograph라는 단어가 '움직임의 기록'이라는 뜻이라면, 영화의 핵심은 시각적 질료와 대상을 물질적인 형태로 기록하고 재연을 위하여 저장하는 것이다. 카메라가 필름에 저장하고 영사기는 그것을 다시 읽어낸다. 이러한 영화적 도구는 데이터를 쓰고 읽는 컴퓨터의 기능과 유사한 것이며 이것이 튜링기계와 영사기와의 유사성을 낳은 것이다. 1936년 스펙터클한 베를린 올림픽의 개최가 이뤄지고, 무엇보다도 레니 리펜슈탈Leni Riefenstahl의 기념비적인 올림픽 다큐멘터리 필름이 만들어지던 시기였던−물론 그녀의 올림픽 다큐는 비록 수년 후 공개되었지만−그 시기에 벤야민은 당대 미디어의 발전이 낳은 새로운 세상과 그러한 세상에서 도출되는

관관계는 의식적으로 제도화되어 갔다. 이성의 새로운 문화는 '상상의 공간'인 공론장에서 계속 확장되어 갔다.

위험성에 대해서 고민한다. 잘 알려진 바와 같이 벤야민의 논지는 영화와 같은 새로운 미디어의 발흥에 의해 야기된 인간 지각의 변화를 추적하고자 하는 것이며, 인간 본성에 대한 기술의 간섭에 초점을 맞추고 있다. '아우라', 즉 예술작품이 지닌 독특한 현전감이라는 저 유명한 개념에서 출발한 벤야민의 논의는 사진과 영화가 야기한 거리감의 상실에 주목하고 있으며, 거리가 주체와 객체를 구분하고 관람자와 광경 사이에 틈을 만들고, 거리가 있기 때문에 주체가 타자들을 대상으로 취급(대상화)할 수 있었다는 데 주목하게 만든다. 초연결성의 사회가 시간과 공간의 현존성을 극복하는 디지털 주체성과 가상성에 기반하고 있다고 주장되어지고, 또한 이러한 점에서 매체사의 발전이 이야기되어지며 더군다나 새로운 시대의 새로운 문학적 상상력과 내러티브가 가능하다고 주장되어진다면, 이러한 논의의 기저에는 벤야민의 고민이 자리잡고 있다 할 것이다.[3]

인문학은 현대사회가 자신의 정체성에 대한 질문에 해답을 그 전통 속에서 미리 선취해서 간직하고 있는 유일한 학문일지 싶다. 그러나 그 해답을 읽어 내는 것은 여전히 각자의 몫이다. 고대 로마의 신들 중에는 앙게로나Angerona라는 침묵의 여신이 있다. 입술을 가

3 벤야민은 새로운 매체의 발생과 이에 따른 전통적인 경험 및 인식모델의 변화는 관객을 산만한 시험관(試驗管)이 되게 하였다고 주장한다. 관객이 시험관이고 주인공들은 피시험자들인 무대에서, 대상을 그것을 감싸고 있는 표피로 부터 벗겨내는 일, 즉 아우라의 파괴는 이제 새로운 지각 작용의 징표로 작용할 따름이다. 이것은 '시선 없는 시각 Vision sans regard(비릴리오)'의 혁신을 의미하는 것이다.사진과 영화와 같은 미디어를 접하는 기술 복제시대의 대중의 인식은 더 이상 집중을 요구하지 않고, 집단적이고 분산적인 수용에서만 규정되어진다. 전통적인, '거리를 둔', 관조적인 침잠에 반하는 분산적인 오락성이 대중의 예술에 대한 관여방식의 특질을 이루게 되었다는 것이다.

린 그녀의 손가락은 마치 침묵을 종용하는 듯하다. 연구자들은 앙게로나의 침묵을 고대 그리스의 밀의종교에서 비전(秘傳)에 견주어 위대한 침묵의 힘이라고 칭한다(Agamben 2012, 94). 엘레우시스 밀의종교의 비전가들initiates에게 비의는 단어와 상징 이전의 이미지와 표징의 형태로 전수되었을 것이다. 단어와 사물을 연결지우는 이름과 단어, 그리고 그러한 연결 관계를 묘사하는 상징체계 이전의 '침묵'의 힘은 벤야민의 글들에서뿐 아니라, 카프카의 '사이렌들의 침묵'을 통해서 제시된 바 있다. 작금의 인문학이 간직하고 있는 삶의 정체성에 대한 해답은 마치 이러한 '비전(秘傳)'에 견줄만 하지 않을까 싶다. 표징으로서의 비전은 그 지시내용과의 연관성(지표성)하에서만 침묵을 깨트릴 것이다.[4] 새로운 매체사적 발전과정에서 새로운 매체가 만들어내는 비전들은 그 매체의 발전을 낳은 재매개적/매개적 특성에 대한 이해를 통해서만 읽혀질 것이다. 이런 관점 하에서 보자면 우리는 벤야민의 미디어 리터러시 개념에서 초연결 사회의 문학적 상상력의 근원을 읽어 낼 수 있을 것이며, 미적 영역의 촉각적 수용을 이해 할 수 있다.

현대인의 삶이 지닌 정체성 위기에 덧붙여 21세기의 멀티미디어적 통신환경은 '주관성의 객관화'를 이야기하거나, 서사의 중심을 이야기하기 더욱 어렵게 한다. 더욱이 디지털 시대에서는 사적 영역

4 졸고의 제목인 표징과 지표는 퍼스 Charles S. Peirce의 기호이론(도상, 지표, 상징)의 개념사용과 엄밀하게 일치하지 않는다는 점을 밝혀두고자 합니다. 특히 기호가 아닌 표징이라는 단어의 사용은 본 연구가 근대의 '성스러움'에 대한 연구의 일부로서 기획되었음에 연유합니다. 벤야민의 의미에서 코드의 재코드화 혹은 최근의 트랜스미디어 스토리텔링 논의의 맥락에서 표징이 이야기되어진다 할 것입니다.

과 공공영역의 구분은 점차 없어진다. 인터넷과 다양한 추적 메커니즘의 발전은 사적인 영역의 은밀성을 파괴한 지 오래이다. 자발적이든지 비자발적이든지 최소한 가상적인, 공적인 공간에서 우리는 더 이상 나를 감출 수 없다. 그 뿐만 아니라 속도로 특징 지워지는 뉴미디어시대에서는 '회상/기억'의 요소는 '현재성'과 '인스턴트성과 라이브적 특성'을 위해서 소멸한다. 왜냐하면 더 이상 아는 것이 힘이 아니라, 속도는 바로 권력 그 자체이기 때문이다. 공간이 시간성에 의해 치환되어지는 이런 논의의 출발로는 무엇보다도 비릴리오의 속도학을 들 수 있다(Virilio 2000). 이 글의 문제의식은 이 지점에서 출발한다. 신화와 계몽의 변증법에서 이야기되는 '탈(脫)신화화된'(Habermas) 현실인식이 더 이상 유효하지 않는 것일까? 고전적인 서사의 중심이 상실되어짐과 동시에 우리는 주관성의 객관화 과정을 보았으며, 이는 픽션의 발흥을 낳은 역사철학적 배경이 되었다. 주·객관 세계의 분리와 '세계상의 탈중심화'(피아제)의 과정은 전래의 세계를 시간화시키는 데 성공한 바 있다. '탈 신화화된 현실인식' 또는 '공적영역의 사유화', 그 어떻게 이야기되더라도 이런 방식의 탈 중심화된 세계상은 도치(倒置)되었다. 이제 *'사적영역의 공유화'*가 낳은 서사의 *'새로운'* 조건들에 대해서 진지하게 이야기해야 하지 않을까? 공간성의 시간화가 아니라 시간의 탈공간화가 가능할 수 있을 것인가 하는 문제를 논구하기 위해서 우리는 다시금 그 신화 속으로 시간여행을 해야 할 듯 싶다.

옛 이야기는 10여 년에 걸친 트로이전쟁이 끝나자 고향 이타카로 돌아가는 오디세우스일행의 고난에 찬 항해를 전하고 있다. 다시금 10여 년이 더 걸린 저주에 가득 찬 오디세우스의 귀향길, 즉 오디세이는 호머의 서사시뿐 아니라 우주미아가 된 가족의 이야기에서와 같은 공상과학영화의 소재에 이르기까지 시대를 넘어서 여전히 주어진 운명을 스스로 개척하는 불굴의 인간상을 보여주는 메타퍼가 되었다. 어찌할 수 없는 자연의 위력 앞에 이리 밀리고 저리 밀리면서도 고향 이타카의 항구를 찾아나서는 오디세우스가 이러저러한 어려움을 극복하는 과정에서 후세의 사람들은 이성의 힘으로 자연을 길들이는 계몽의 정신을 읽어내고 있는 것도 무리는 아닐 성 싶다. 아름다운 부인 펠레로페가 20년간 온갖 유혹을 뿌리치며 오매불망 기다리는 고향으로 향한 오디세우스의 강건함에 어쩌면 자신의 모습을 보고 있었을지도 모른다. 한시도 잊을 수 없었던 고향에 대한 그리움이 인생 노정에 지친이 들에게는 어떤 위안이지 않았을까. 마치 오디세우스의 귀향의 노정이 아무리 험난하고 힘들지라도, 충견 아르고스가 20년이 지난 후에도 주인의 귀환을 알아차리고 숨을 거두는 장면의 찡한 감동을 나 역시 갖게 되리라는 희망이 나그네를 길에서 멈추지 않게 하지는 않았을까. '운명적'이라는 수식어를 여기저기에 덧붙이길 잊지 않았을 테고. 그러나 만일 되돌아갈 고향이 우리에겐 원래 존재하지 않았다면? 아니 이런 억측은 우리의 오디세우스에겐 금물인 것 같다. 아름다운 키르케의 유혹도 뿌리치고, 가야할 길을 재촉하는 오디세우스를 기다리는 사이렌들의 유혹의 노래 소리도 단호한 오디세우스의 귀향길을 막을 순 없었다. 한줌의 밀랍으로 귀를 틀어막고 쇠사슬로 돛대에 제 몸을 묶은 채 우리의 오디세우스는 아름다운 사이렌의 유혹을 벗어나고 있다. 사람들이 오디세우스의 기발한 꾀를 이야기하는 대목이다. 아니 오디세우스라고 대변되어지는 인류가 이성의 힘을 빌려 감히 대항할 수 없었던 자연의 폭거를 보기 좋게 따돌리는 본보기로서 수많은 이들이 인용하는 이야기일 것이다. 그런데 정말 오디세우스는 한줌의 밀납과 한 다발의 사슬에 완전히 신뢰하고 자신의 꾀에 천진난만한 기쁨을 느끼며 사이렌들을 향해 배를 저어갔단 말일까?

이 사건에 대해서 우리는 또 다른 이야기를 들을 수 있다. 사이렌들에게는 오디세우스 일행을 유혹하고 궁극적으로는 난파시킬 그들의 노래보다도 더 끔찍한 무기를 가지고 있었다고 한다. 자신의 꾀로 사이렌의 노래 소리를 피했다고 하는 오디세우스에게는 미안한 이야기이지만, 사이렌들은 그때 노래하지 않았다는 것이다. 더 이상 유혹하고 싶은 마음은 그들에게 남아있지 않았고, 오디세우스 일행의 배가 그들을 통과해 갈 적에, 다만 오디세우스의 커다란 두 눈에 비춰지는 것들을 가능한 한 오래 붙잡고 싶었다고들 한다. 오디세우스는 사이렌이 진정 노래를 했었는지 듣지 못해 알 수 없었는데도, 또 다른 이야기에는 오디세우스는 첨부터 사이렌이 노래를 부르지 않을 것을 알았기에 그토록 용감하게 배를 저어갔다고 한다. 모두들 한편의 연극을 천연덕스럽게 한 셈일까? 내려오는 이야기 하나를 마저 덧붙인다면, 고향에 되돌아간 오디세우스는 다들 알고 있듯이 사랑하는 아내와 늠름한 아들 텔레마코스와 행복하게 여생을 마친 게 아니란다. 무료함에 좀이 쑤셔 이번에는 머나먼 대서양으로의 여행을 떠나 산채만한 파도에 휩쓸려 이 세상을 떠난 오디세우스의 근황을 단테는 신곡의 지옥 편에서 전하고 있지 않던가.

얀 마텔Yann Martel(1963-)의 『파이이야기Life of Pi』(2001)는 깊이 1미터 남짓, 폭 2.4미터, 길이 8미터의 구명보트에 벵갈산 숫호랑이 한 마리와 함께 조난당해서 무려 227일 간 바다를 떠돈 파이라는 인도 소년의 표류기를 다루고 있다. 스페인에서 캐나다인 부모에게서 태어나 코스타리카와 프랑스, 그리고 멕시코 등지에서 유년기를 보낸 작가는 대학에서 인문학(철학) 공부를 마치고 접시닦이와 같은 허드렛일을 해가면서 지구의 다른 쪽을 떠돌았다. 진지하게 글쓰기를 시작한 것은 오랜 방황 끝에 '고향'인 캐나다에 정착하고 난 연후였다.

21세기의 오디세우스 혹은 로빈슨 크루소에 비견될만한 '파이'의 이야기는 작가의 노트에서 언급하고 있듯이 작가가 '배고픔에 시달릴 때'에 태어났다. 주지하다시피 소설은 '*This book was born as I was hungry. Let me explain.*'이라는 문구로 시작하는 작가 노트가 본 줄거리 앞에 놓여있다. 소설의 전반부에 등장하는, 얼룩말과 오랑우탄을 잡아먹는 하이에나, 그리고 그 하이에나를 다시 잡아먹는 벵갈산 호랑이의 끊임없는 식성, 그리고 그 야생 고양이 과(科) 맹수의 허기를 통제하고 길들여야 하는 어린 소년 파이의 기지와 용기는 '배고픈' 작가를 대리만족 시켰던 것일까. 벵갈산 호랑이를 작은 구명보트에서 매일 마주 대하면서 언제 끝날지 모르는 기나긴 조난의 항해에서 반드시 살아서 뭍으로 되돌아가겠다는 소년 파이의 열정은 오디세우스의 귀향에 대한 열망에 비견할 만하다. 더욱이 오디세우스와 마찬가지로 여러 가지 꾀를 생각해 내고 앞으로 이러날 일들에 대해서 나름의 계획을 세운다. 망망대해의 일엽편주와 같은 조각배에 한 마리의 야생 호랑이와 동고동락을 해야 한다는 현실을 받아들이고 동물원집 아들답게, 동물들에 대한 지식에 기대여 호랑이를 길들이는 계획을 세운다. 무엇인가를 갈망하던 작가가 그려내는, '굶주린' 호랑이의 밥이 되지 않기 위해 그 맹수를 지혜롭게 제어하고 길들이는 소년 파이의 이야기는 사이렌의 노래에 밀납으로 귀를 틀어막아서 대처해 나간 오디세우스의 이야기에 견줄 만하다. 그 뿐만 아니라 정신을 가다듬은 소년 파이가 구명보트에 비치된 장비들을 '점검'하는 것이나 벵갈산 호랑이를 길들이고 그 호랑이의 존재에 비춰 자신의 삶의 의지를 불태우는 장면은 마치 로빈스 크루소를 연상하게 한다. 그럼에도 소설의 후반부에서 보여지는 이야기들은 파이와 호랑이는 우리 내면의 대립적인 두 자아의 모습이 아닐까 하는 의구심이 들게 만든다. 그럼에도 작가 노트를 제외하고 정확하게 100편의 사건들(Chapter)로 이뤄진 이 소설은 다음과 같이 난파 사건 조사보고서로써 결말을 지움으로써 벵갈산 호랑이와 소년의 오디세이를 증명하고 있다.

> 곁들여 말하면, 유일한 생존자인 인도인 피신 몰리토 파텔의 사연은 이를데 없이 힘들고 비극적인 상황에서 용기와 인내를 보여준 놀라운 이야기다. 이 조사관의 경험으로 볼 때, 그의 이야기는 난파선 역사상 어느 사건과 견줄 수 없다. 파텔만큼 오래 생존한 조난자는 없었다. 더구나 벵골 호랑이와 함께 생존한 사람은 한 명도 없었다.[5]

그 벵골 호랑이의 이름은 '*리차드 파커 Richard Parker*'였다. 포획한 사냥꾼의 이름과 헷갈린 서기의 실수에서 생겨난 이름이라고 소설

5 As an aside, story of sole survivor, Mr. Pscine Molitor Patel, Indian citizen, is an astounding story of courage and endurance in the face of extraordinary difficult and tragic circumstances. In the experience of this investigator, his story is unparalleled in the history of shipwrecks. Very few castaways can claim to have survived so long at sea as Mr. Patel, and none in the company of an adult Bengal tiger. in: Martel, 319쪽.

은 설명하고 있다.[6] 살인 표범을 찾아 나선 사냥꾼들이 우연찮게 잡은 어미 호랑이와 강가에서 물을 마시다 잡힌 새끼 호랑이의 이야기, 처음 찾아 나선 살인 표범이 잡혔는지 아무도 관심이 없고, 더구나 새끼 호랑이를 포획한 사냥꾼과 그 사냥꾼이 이름 붙인 새끼 호랑이의 이름이 뒤바뀐 어처구니없는 경황이 천연덕스럽게 이야기되어 지고 있다. 처음 새끼 호랑이의 이름은 '갈증'이었고, 지금은 '리차드 파커'이고, 호랑이로부터 자신을 구한 것은 바로 그 갈증 덕이라는 역설적인 이야기가 이어진다. '십자가의 예수는 질식해서 죽었지만, 그가 유일하게 불평한 것은 갈증이었다고.' 배고픔, 갈증, 그리고 호랑이 '리차드 파커'는 모두 파이의 생존을 위협하는 것들이면서 동시에 살아있어야 하는 목표가 되어가고 있다. 가령 파이는 57장(章)에서 다음과 같이 털어 놓는다. '하지만 그것만은 아니었다. 죄다 말하겠다. 여러분에게 비밀을 털어놓겠다. 마음 한편으로 리차드 파커가 있어 다행스러웠다. 마음 한편에서는 리차드 파커가 죽는 걸 바라지 않았다. 그가 죽으면 절망을 껴안은 채 나 혼자 남겨질테니까.' 그래서 파이는 호랑이를 '길들이기로' 결심한다.

더욱이 주지하다시피 '리차드 파커'라는 이름은 에드가 엘렌 포의 소설 『아서 고든 핌의 모험The Narrative of Arthur Gordon Pym of Nantucket』(1838)의 12장(章)에 묘사되어진 카니발니즘의 희생자의 이름이다. '흑과 백, 삶과 죽음, 의식과 무의식, 현실과 환상, 그리고 꿈과 악몽의 경계가 불명확한 지역으로 우리를 이끄는 자아발견과 탐색의 오디세이'(포, 284쪽)라고 할 수 있는 핌의 이야기는 단순히 소설이상의

6 소설의 48번째 이야기(Chapter) 참조. in: Martel, 132 쪽.

의미를 동시대인들에게 부여하였던 듯하다. 그리하여 줄 베른Jules Verne은 1897년 『핌의 모험』의 속편 격인 「빙원의 스핑크스Le Sphinx des glaces」를 간행한다. 이는 포의 소설에서 행방불명된 핌과 윌리엄 가이 선장의 흔적을 쫓는 동생 렌 가이 일행의 모험담으로 핌의 일행이 남극에서 보았던 스핑크스의 정체를 커다란 자석이라고 다음과 같이 묘사하고 있다.

> 우리가 가까이 다가갈수록 그 괴물 같은 존재는 더 커졌고, 신화적인 모습도 더 뚜렷해졌다. 그 광대한 곳에서 그것의 모습은 경외심마저 자아냈다. 그리고 이건 단지 우리의 착각일 뿐이겠지만, 우리는 마치 자석에 이끌리듯이 그것을 향해 끌려 나갔다. 그 봉우리의 밑에 도착하자, 거기에는 자석이 끌어당긴 오만가지 것들이 붙어 있었다(포, 272쪽).

줄 베른의 소설은 19세기 말엽 당대의 서구문화가 열광하였던 극지의 정복과 자원과 자연에 대한 지배욕을 형상화하고 있는 셈이다. 스핑크스를 둘러싼 핌의 실종사건에 대한 '과학적' 해명은 오디세우스의 '기지(機智)'를 다시금 생각나게 한다. 비슷한 시기에 나온 조셉 콘래드Joseph Conrad의 『암흑의 핵심Heart of Darkness』(1899)에서도 말로Marlow 선장의 다음과 같은 유년기의 회상에서도 다시금 신화 모티브를 어렵지 않게 발견할 수 있다.

> 꼬마 시절에 나는 열정적으로 지도를 보는 취미를 가지고 있었거든. 여러 시간 동안 남아메리카니, 아프리카니 또는 호주니 하는 지

역을 살펴보면서 그곳을 탐험한 모든 사람들의 영광스러운 이야기에 몰두하곤 했었어. 그 당시 만해도 이 지구상에는 많은 빈공간이 있었다구. 지도에 그려진 모든 지역이 다 유혹적으로 보이기는 했지만, 특별히 유혹적인 지역을 보게 될 때마다 그 지역에 손가락을 대고 〈내가 크면 이곳에 가보아야지〉라고 말하곤 했었다네.(...) 그곳은 암흑의 땅으로 변해 있었어. 하지만 거기에는 특별한 강이 하나 그려져 있었지. 자네들도 지도에서 볼 수 있었던 그 굉장한 강은 한 마리의 거대한 뱀이 똬리를 풀고 있는 형상이었는데, 머리는 바다에 닿고, 꾸부정한 몸뚱이는 멀리 광활한 대륙에 놓여 있었으며, 꼬리는 그 땅의 오지(奧地)에 감추어져 있었지.[7]

베른의 텍스트와 마찬가지로 콘래드의 텍스트역시 식민지지배와 자연정복의 역사를 신화적 이미지와 상징들의 중첩을 통해서 이야기하고 있는 셈이다. 무엇인가를 갈망하는 자들의 열정은 '오지와 극지'에 이르는 여행을 수행하게하고 있으며, 목적지에 이르는 길에서 베른의 경우와 콘래드의 경우 모두 죽음의 표상을 내재한 신화적 형상들과 마주하게 된다. 베른에게 있어서 포의 소설에서 유래한 스핑크스의 문제를 가설적인 자연과학의 문제로 치환하고 '탈신화화' 시키고, 식민지 개척과 정복의 역사를 진보의 모습으로 보여주고자 한 반면에, 콘래드의 주인공 커츠Kurtz는 주지하다시피 '오리엔탈리즘'[8]의 병폐를 죽음으로써 대변해보이고 있다. 사이드Edward W. Said는

7 조셉 콘래드(이상옥 역): 암흑의 핵심. 민음사. 1998. 17-18쪽.

8 Vgl. Two Visions in Heart of Darkness, in: Said, Edward W.: Culture and Imperialism,

다름과 같이 콘래드의 글쓰기가 지닌 문제성을 이야기하고 있다.

> 콘래드는 말로의 이야기를 전개시켜 나가는 데 너무 의식적이 된 나머지, 우리로 하여금 제국주의가 스스로의 역사를 삼키기는커녕 슬그머니 일어나고 있으며 보다 큰 역사에 의해 둘러싸여 있고, 넬리호의 갑판에서 원을 그리며 앉아있는 유럽인들의 외부에 존재한다는 것을 깨닫도록 해주고 있다. 그러나 사실 그곳에는 아무도 존재하지 않고 있으며, 그래서 콘래드는 그것을 텅 빈 공간으로 놓아두고 있다(콘래드, 17-18쪽).

이 '비어 있는empty' 공간을 채우고 있는 것은 신화적 배경인 것이다.[9] 그리고 자신의 목적지를 망각하고 음습한 밀림지대에 자아를 잃어버린 주인공 커츠의 모습은 80여 년이 지난 후에 코폴라Francis Ford Coppola감독에 의해서 〈지옥의 묵시록Apocalypse now〉(1979)의 월남전 탈영병의 모습으로 '재매개'되어진 바 있다. 베른 소설의 얼음에 갇혔지만 어떻게든지 극지를 정복하고 스핑크스의 비밀을 규명하고자 하였던 불굴의 영웅들의 모습은 마치 난관을 헤쳐나간 오디세우스의 모습처럼 21세기의 수많은 스토리텔링 속에서 계속 매개되고 있으며, 때로는 끝없는 우주를 떠도는 영웅의 모습에서 때로는 가상적 공간을 넘나드는 주인공의 모습으로 상징화되어 나타난다. 물론

N.Y. 1994, S. 19-31.

9 무언가에 갈망하고 굶주려 있던 작가 얀 마텔의 문학적 세계관과 이렇듯 비어 있는 콘래드의 서사공간의 신화적 충만성이 이야기될 수 있는 지점이다.

파이의 경우처럼 고전적인 난파소설의 형태를 고수하기도 하고 말이다.[10]

이상과 같이 살펴본 바와 같이 19세기 말의 소설들에서나 21세기 벽두의 베스트셀러에게서도 주체의 담론Subjektdiskurs은 신화적 형상 속에서 이미지화되어 나타나고 있으며 작금의 신화적 소재들에 대한 문학을 위시한 문화계 전반의 관심증대는 단지 새로운 디지털 미디어의 출현에 따른 재매개적 표상의 발전에 따른 것으로만 치부 할 성질은 아니다.

'문명의 근원텍스트'(호르크하이머 / 아도르노)로서 신화는 항시 새로이 읽혀져야 할 것이며, '신화에의 작업'(블루멘베르크)은 해석학이자 미메시스의 작업일 것이며, '신화에의 매료됨'(슐레지어)은 텍스트화된 신화의 순응적 요소에 기인한 것일 것이다. 주체가 신화적 힘들로부터 자유로워지는 고난에 찬 역정인 오디세이에서, 특히 사이렌과 오디세우스의 조우에서 '회상/기억'의 요소는 탈신화화의 과정을 거치면서 오히려 '현재성'과 '인스탄트/라이브적 특성'을 위해서 소멸되어진다.

호르크하이머Max Horkheimer(1895-1973)와 아도르노Theodor W. Adorno(1903-1969)가 망명지 미국에서 집필한 『계몽의 변증법Dialektik der Aufklärung』(1944/47)의 문제의식은 주지하다시피 다음의 테제에 축약되어 있다.

10 여기에 덧붙인다면 베른과 콘래드, 그리고 마텔의 소설에서는 신화적 아우라에 대적하는 남성적 영웅의 이야기만 보일 뿐. 여성의 모습은 배경적인 자연의 모습으로 물러나 있는 점도 이야기될 수 있다.

> 부르주와 상품경제의 확대로 말미암아 신화의 어두운 지평이 산술적 이성의 태양으로 밝게 비춰지고, 이러한 산술적 이성의 차가운 광선아래 새로운 야만성의 싹이 움튼다(Horkheimer/Adorno 1994, 38).

우리 세대에게는 마치 또 하나의 '신화'처럼 여겨졌던 프랑크푸르트학파의 학문적 오디세이의 귀결이 되는 이 "철학적 단상(Philosophische Fragmente)"은 호르크하이머가 행한 도구적 이성에 대한 비판과 동일선상에 놓여 있는 논의로 이야기될 수 있다. 나치의 집권에 따른 망명, 새로이 뉴욕의 컬럼비아 대학에 둥지를 튼 사회연구소, 그리고 다시금 미국 서부로 이주해야만 했던 프랑크푸르트학파 두 거장의 당대의 현실에 대한 (역사철학적)분석은 자신들의 눈앞에서 자행되는 홀로코스트와 파시즘의 횡행, 미국의 자본주의가 잉태한 현혹적인 '문화산업'의 논리에 대한 비판적 문제의식에 기초한다. 프랑크푸르트 학파의 비판이론은 그 학제적 연구방법론에 있어서 성가를 발휘한다. 그럼에도 우리는『계몽의 변증법』의 집필을 준비하던 시기의 토론이 정신분석학에 대한 논구에 집중되어 있음을 보게 된다. 정신분석학적 방법론은 타부와 망상을 진리에 대한 추구로 이끌어 내고자한 전래의 계몽정신의 일환이라고 보았기 때문이다. 네오 마르크시즘적 출발점에서 시작한 프랑크푸르트 학파의 정신적 노정에서 자칫 '비과학적'이라 홀대받기 쉬웠던 정신분석학과 변증법적 사유의 접합을 이끌어 낼 수 있었던 '사고의 전환'은 근대의 논리 실증주의적 방법론이 지닌 한계에 대한 인식에서 출발한다. 탈마법화로의 계몽은 근대의 정신이기도 하지만, 상상력을 붕괴시키고 신화적 사고를 해체시켰다고 보기 때문이다.

> 예로부터 진보적 사유를 쫓아 가장 포괄적인 의미의 계몽은 인간의 공포를 몰아내고, 인간을 주인으로 자리 잡게 하는 목표를 따랐다. 그러나 이제 계몽되어진 세계는 승리를 구가하는 재앙의 상징기호에서 빛을 발하고 있다. 계몽의 프로그램은 세계의 탈마법화였다. 계몽은 신화를 해체하려 했고 지식의 힘으로 상상력을 무너트리려 했다(Horkheimer/Adorno 1994, 9).

주지하다시피 여기에서는 이성ratio의 지배를 일반화시켜 '계몽'이라고 규정한다. 이성과 신화의 대립이라는 일반적인 계몽에 대한 이해를 넘어서서 두 저자가 시도하는 현실 분석은 베이컨식의 '인식과 권력은 동의어'라는 논의를 넘어서고자 하는 시도이다. 신인동형론Anthropomorphismus으로서의 신화의 원리는 신화역시 계몽의 산물임을 보여주고 있을 뿐이다. 계몽의 도구를 두 사람은 개념(화)라고 보고, 신화 역시 이미 이러한 개념화의 소산이며, 이러한 의미에서 보자면 신화의 세계 역시 계몽의 단계로 파악되어질 수 있다. 개념화에 성공한 소크라테스 이후의 이론적 인간은 자연을 객관화시키는 주체로 자신들의 위치를 격상시키고, 자연에 대한 지배를 정당화시킨다. 그러나 그 대가로 우리가 치러야 하는 바는 '소외'이며, 이러한 즉물화의 논리는 역으로 인간사의 제 관계에서도 관철되어지게 된다.

> 신화는 계몽으로 넘어가며 자연은 단순한 객체의 지위로 떨어진다. 인간이 자신의 힘을 증가시키기 위해 치르는 대가는 힘이 행사

되는 대상으로 부터의 소외이다(Horkheimer/Adorno 1994, 15).

이는 자본주의 사회 내에서 상품의 교환가치의 추상화의 한 표현 양상으로 이해되어질수 있는 것이다. 결국 주체가 아무 저항 없이 상품경제의 총체적 지배에 몸을 내맡김으로써 계몽의 정신은 다시금 '신화'로 회귀하게 되어버린다는 것이다: "애니미즘이 사물들에 영혼을 불러 넣었다면, 산업화는 영혼을 물화시켰다." 이러한 논리에 따르자면 윤리, 문화산업 그리고 학문은 이와 마찬가지로 도구적 이성의 형식주의의 발아래 놓이게 되고, 인간과 자연에 대한 총체적 지배를 가능하게 하는 현혹적인 연관관계에 봉사할 뿐이다.

『계몽의 변증법』을 집필하던 시기의 호르크하이머와 아도르노는 인류가 처한 야만적 현실에 대한 회한의 감정에 사로 잡혀있었음이 확실하다. 그럼에도 이 저작의 중심을 이루고 있는 오디세우스의 이야기를 다루는 부분에서 그들은 모험을 가능하게 하는 것은 고향에 대한 향수라고, 웃음은 '고향'으로 가는 길을 약속해 준다고 적고 있다. '주체가 신화적 힘으로부터 도망쳐 나오는 도정'에 대한 묘사로서의 오디세이는 '신화적 세계에서 탈출한 상태'로서의 '고향'에 대한 추구이며, 이를 묘사하는 호머의 '회상'(Eingedenken) 속에서만 '희망'이 이야기되어진다. '고향'과 '화해'사이의 은폐된 심연, 즉 '계몽에 대한 (새로운)계몽'의 가능성에 대해서는 우리시대의 어느 누구도 쉽사리 이야기 할 수 없어 보인다. 다시금 호르크하이머와 아도르노의 말을 따르자면, 왜냐하면 '서사시는 소설이 됨으로써 비로소 동화로 넘어가는 것이기 때문이다.'

호르크하이머와 아도르노는 계몽을 운명의 힘으로부터 탈출하는

데 실패한 시도로 파악한 것이다. 해방의 황폐한 공허는, 신화적 폭력의 저주가 도망자를 항상 앞지르는 모습으로 나타난다. 신화적 사유와 계몽적 사유에 대한 서술의 또 다른 차원은 탈신화의 궤도가 근본 개념들의 변형과 분화로서 규정되어지는 대목에서만 보여 진다. 마법적 사유는 사물과 인격, 탈영혼성과 영혼성, 조작의 대상과 행위, 행위자들 사이의 구분을 놓고 있지 않다. 이런 의미에서 보자면 하버마스의 말처럼 '탈신화화가 비로소 우리에게 자연과 문화 사이의 결합으로 나타나는 마법을 푼다.' 계몽의 과정은 자연의 탈사회화와 인간세계의 탈자연화를 야기하는 것이다. 이러한 '세계상의 탈중심화'(피아제)의 과정은 전승된 세계상을 시간화 시킬 수 있었으며, 전래의 세계관은 그 자체 변경될 수 있는 세계에 대한 해석으로서 구별될 수 있게 되었다. 외면 세계는 존재자의 객관적 세계와 규범의 사회적 체계와 분화되며, 이 양자는 다시금 모두 주관적인 체험의 세계인 내면세계와 구별되어 나타난다.

이러한 탈마법화/합리화의 과정은 문학과 예술의 영역에서도 실현된다. 실재세계와 묘사되어진 세계의 분화가 이뤄진다. 기호로서의 문자는 과학으로 나아가며, 기호로서의 언어는 자연을 인식하기 위한 계산의 도구로 전략하는 반면에 (형상)이미지로서의 언어는 자연의 모상으로서 남게 되지만, 계몽의 과정을 거치며 완결된, 이러한 '기호와 형상의 분리'는 다른 한편에서는 근대의 '픽션' 개념을 낳게 된다. 근대에 생성되어진, 실제세계와 구분되어지고 원칙적으로 '자율적'인 이러한 '픽션/허구'의 개념은 환상, 허구, 거짓이라고 여겨지지 않았으며 심지어 현실의 감춰진 또 다른 측면의 알레고리로 이해되어진적이 없다. 이러한 픽션의 자율성은 미디어와 연관성 속에서 보자면 시간과 공간의 측면에서 해석되어 질 수 있다. 즉 회화를 중심으로 하는 '주관성의 객관화'(파노프스키)과정은 광학과 시점의 차이에 대한 인식과 허구적 공간의 구성을 낳았으며, 서사의 시간성에 대한 재발견은 소설 형식의 흥기를 낳았다. 화가 또는 작가 중심의 시점에 대한 강조는 커뮤니케이션의 측면에서 보자면 현실과 그 묘사되어진 세계 사이의 일치성에 대한 믿음이 깨어진, 즉 '세계상의 탈중심화'의 특징이다.

출발점으로부터 멀리 벗어날 수 있다면, 이는 성공적인 계몽일 것이다. 그러나 오디세이의 이야기에서 볼 수 있듯이 신화의 이야기는 근원으로의 회귀를 '지연'시킬 뿐이다. 인류는 계몽의 세계사적 과정에서 근원으로부터 점점 더 멀어지지만, 신화적 반복의 강제로부터 해방되지 못한다. 완전히 합리화된 현대세계는 오직 가상적으로만 탈마법화된 세계이다.우리의 '경험세계'의 심미화 과정, 즉 객관적 세계의 기술적 규정과 사회적 세계의 매개적 연결이라는 관점에서 심미적인 것은 '버츄얼한 것'이라는 의미를 지니게 된 것이다. 의식의 심미화는 결국 우리가 의식의 전제가 되는 토대들Fundamente을 더 이상 바라보지 못하고, 현실을 우리가 이전에는 단지 예술의 산물로만 이해하였던 표현양식Verfassung으로만 받아들이게 된다는 것을 의미한다.

신화와 계몽의 변증법에 놓여 있는 탈중심화된 세계인식의 이해의 근저에는 이데올로기 비판뿐만 아니라 문화비판의 준엄한 칼날이 번뜩인다. '주관성의 객관화'가 '객관성의 주관화' 또는 사적영역의 침탈로 이어지는 디지털 시대에 있어 출발점으로부터 멀리 벗어난다는 것은 공간적으로나 시간적으로나 별 무의미해 보인다. 우리는 이와 유사한 단절의 시기를 르네상스라 부르는 시기의 회화사에서 찾아볼 수 있다. 이시기에 우리는 뒤러의 자화상으로 대변되어지듯이 신(神)적인 것이 점차 인간화됨을 보게 되고, 인간이 신격화되어 지는 과정이 뒤따른다. 그럼에도 이러한 개인의 발견이 주관의 자의성으로 환원된, 타인들과 고립된 개인의 승리를 의미하는 것이 아니라는 점에 주목해야 한다. 르네상스기의 이 화가들은 항상 동일한 사고방식과 해석의 코드를 공유하고 있을 뿐 아니라, 모두 여전히 기독교의 교리 테두리 안에 있었고 어떤 대상과 몸짓의 규범적 의미를 잊지 않고 있었다. 더욱이 그들은 모든 사람들에게 보이고 그림에 의해 재현되는 공동체와 관계를 맺고 있었다. 그들의 인본주의는 결코 개인주의는 아니었던 것이다. 반면에 우리가 현재 직면하고 있는 '가상현실'은 정신을 통해서가 아니라 가상세계에서는 드러나지 않는 가시적 육체를 통해서 자아를 규정하고 있다. 가상현실과 같은 투명한 테크놀로지는 데카르트적 자아를 단순히 반복하는 것이 아니라 오히려 재매개한다고 주장되어진다(볼터/그루신). 우리는 현대의 가상적인 탈마법화의 세계를 탈신화화된 세계인식의 '재매개적' 발현으로 이해할 수 있지 않을까? 이것이 바로 *'사적영역의 공유화'*가 초래한 서사의 위기를 넘어서는 글쓰기 전략이다.

주체가 신화적 힘들로부터 도망쳐오는 도정의 묘사로서 이야기되어지는 사이렌과의 조우에서 오디세우스가 고안해 내었던 기지機智의 이야기를 통해서 오디세우스가 '시민적 개인'의 원형으로 등극할 수 있었다면, 이런 점에서 우리는 '구텐베르크 갤럭시'를 벗어나 디지털 이미지에 의한 새로운 총체적 매체 환경의 우주 속에서 이뤄질 21세기의 '오디세이'에 대해서 관심을 가져야 할 것이다.

이 지점에서 다음과 같은 「사이렌의 침묵」(카프카)의 결말부분이 다시금 이야기되어져야 할 것이다:

"여기에는 부록처럼 덧붙여진 이야기가 하나 더 전래되고 있다. 사람들이 말하건 데, 오디세우스는 어찌나 꾀 많고, 얼마나 마치 여우같은 인간 이어서인지, 심지어 운명의 여신마저도 오디세우스의 속마음은 꿰뚫어 보지 못했다는 것이다. 비록 인간의 오성으로는 도저히 파악할 수 없는 일이기는 하지만, 오디세우스 아마도 실재로는 사이렌들이 침묵한다는 사실을 알아차렸을 것이고, 사이렌들과 신들에게 위에 이야기되어진 거짓 행위를 그가 짐짓 방패로 내세운 것이라는 것이다."

저자 후기

처음 주제를 생각하며 떠났던 베를린을 5년 만에 다시 방문하였다. 그 사이 코로나 팬데믹이 있었고, 도시의 모습이 많이 바뀌었다. 영감을 주었던 분들이 돌아가셨고, 주변국의 전쟁때문인지, 익숙한 거리에는 사람들이 넘쳐난다. 금방 다시 돌아오려니하고 두고왔던 도서관의 서고는 그 사이에 위치가 뒤죽박죽이 되었고 컴퓨터는 업데이트 되었다.

물가가 치솟고, 멘자 앞 AStA 건물 벽에는 강제퇴학을 반대한다는 플랜카드가 걸려있다. 소나기가 내리면 그 소리가 아름답게 울리던 도서관의 지붕은 이젠 비가 새지 않아서 좋았다. 사람의 두뇌모양을 한 이 아름다운 도서관의 송과선 위치에 앉기를 좋아했었다. 더운 여름 이곳에서의 작업이 끝나가는 이즈음 그럼에도 덕진 공원의 형용할 수 없이 그윽한 연꽃 향을 그리워하고 있음을 알게되었다.

원고를 마치도록 지원한 전북대학교 출판부에 감사를 드린다.

2024. 8 베를린 달렘에서

참고문헌

1차 문헌 및 영화

Bachmann, Ingeborg(1974): Simultan. München.

Benjamin, Walter(1987): Berliner Kindheit um neunzehnhundert. Frankfurt/M.

________(1988): Das Kunstwerk im Zeitalter seiner technischen Reproduzierbarkeit. Frankfurt/M.

________ (1991): Einbahnstraße. Frankfurt/M.

________ (1991a): Abhandlungen. Gesammelte Schriften(hrsg. von Rolf Tiedemann und Hermann Schweppenhäuser). Bd. I. Frankfurt/M.

________ (1991b): Aufsätze Essays Vorträge. Gesammelte Schriften(hrsg. von Rolf Tiedemann und Hermann Schweppenhäuser). Bd. II. Frankfurt/M.

________ (1991c): Kritiken und Rezensionen. Gesammelte Schriften(hrsg. von Rolf Tiedemann und Hermann Schweppenhäuser). Bd. III. Frankfurt/M.

________(1991d): Kleine Prosa Baudlaire-Übertragungen. Gesammelte Schriften(hrsg. von Rolf Tiedemann und Hermann Schweppenhäuser). Bd. IV. Frankfurt/M.

________ (1991e): Passagen-Werk. Gesammelte Schriften(hrsg. von Rolf Tiedemann und Hermann Schweppenhäuser). Bd. V. Frankfurt/M.

________ (1991f): Fragmente Autobiographische Schriften. Gesammelte Schriften(hrsg. von Rolf Tiedemann und Hermann Schweppenhäuser). Bd. VI. Frankfurt/M.

________ (1991g): Nachträge. Gesammelte Schriften(hrsg. von Rolf Tiedemann und Hermann Schweppenhäuser). Bd. VII. Frankfurt/M.

________ (1999): The Arcade Project. Cambridge/London.

________ (2002): Medienästhetische Schriften. Frankfurt/M.

Cassirer, Ernst(1972): An Essay on Man. New Haven/London.

________ (1990): Versuch über den Menschen. Darmstadt.

________ (1994a): Wesen und Wirkung des Symbolbegriffs. Darmstadt.

________ (1994b): Philosophie der symbolischen Formen. 1-3 Bd. Darmstdt.

________ (1994c): Freiheit und Form. Darmstadt.

Cassirer, Ernst(2003): Der Begriff der symbolischen Form im Aufbau der Geisteswissenschaften, In: ders., Gesammelte Werke. Bd. 16, Aufsätze und Kleine Schriften 1922-1926, Hamburg, 75-104.

Horkheimer, Max / Adorno, Theodor W.(1994): Dialektik der Aufklärung. Philosophische Fragmente. Frankfurt / M.

Horkheimer, Max(1987): Gesammelte Schriften. Bd. 5: Dialektik der Aufklärung und Schriften 1940-1950. Frankfurt / M.

Kafka, Franz(2022): Erzählungen. Ditzingen.

Lukács, Georg(2011): Die Seele und die Formen. Bielefeld.

Martel, Yann(2001): Life of Pi. N.Y.

Schlegel, Friedrich(1964): Philosophische Vorlesungen. Paderborn.

Sloterdijk, Peter(2004): Schäume. (Sphären, 3.Bd.: Plurale Sphärologie.) Frankfurt/M.

________ (2006): Im Weltraum des Kapitals. Frankfurt a. M.

Spivak, Gayatri Chakravorty(2003): Death of a Discipline. New York.

Szondi, Peter(1967): Hölderlin-Studien: mit einem Traktat über philologische Erkenntnis. Frankfurt/M.

________ (1973): Nachwort zu: W. Benjamin, Städtebilder, Frankfur a. M.

________ (1975): Einführung in die literarische Hermeneutik. Frankfur a. M.

Szondi, Peter(1978): Schriften 1. Frankfurt/M.

Taubes, Jacob(1995): Die Politische Theologie des Paulus. München.

단테, 허영 옮김, 『신곡』, 동서문화사, 1981.

벤야민 발터, 윤미애 옮김, 『1900년경 베를린의 유년시절/베를린 연대기』, 길, 2007.

오비디우스, 『변신이야기 2』, 민음사, 1998.

에드가 앨렌 포, 김성곤 옮김, 『아서 고든 핌의 모험』, 황금가지, 1998.

조지프 콘래드, 이상욱 옮김, 『암흑의 핵심』, 민음사, 1998.

한국천주교주교회의, 『성경』, 한국천주교중앙협의회, 2005.

<2001 스페이스 오디세이> (1968)

<매트릭스> 3부작(1999-2003)

<브레이드 러너> (1982)

<아이, 로봇 I, Robot> (2004)

<에이 아이, A. I> (2001)

<엑스 마키나> (2014)

<터미네이터> (1984)

<트론 Tron> (1982)

<허 Her> (2013)

2차 문헌

Adorno, Theodor W.(1981): Noten zur Literatur. Frankfurt/M.

Agamben, Giorgio(2002): Homo sacer. Frankfurt a. M.

________ (2005): Profanierung. Frankfurt/M.

________ (2006): Die Zeit, die bleibt. Frankfurt/M.

________ (2012): Image and Silence. in: Diacrititics. Vol. 40.2. 94-98.

________ (2015): Das Geheimnis des Bösen. Benedikt XVI. und das Ende der Zeiten. Berlin.

Amlinger, Carolin(2021): Schreiben. Eine Soziologie literarischer Arbeit. Berlin.

Aragon, Louis(1994): Paris Peasant. Boston.

Arendt, Hannah(1992): Walter Benjamin 1892-1940. In: Benjamin, Walter: Illuminations. London. 7-58.

Attig, Matthias(2015a): Faktizität als Schein. Peter Szondis Hermeneutik und die Korpuslinguistik. In: Jochen A. Bär/Jana-Katharina Mende/Pamela Steen (Hg.): Literaturlinguistik-philologische Brückenschläge. Frankfurt a. M. u. a.: Lang, S. 31-46. Zum Stellenwert der Hermeneutik für belegphilologische Verfahrenswege 709

Attig, Matthias (2015b): Metapher, Metadiskursivität und Form-Semantik. Linguistische Bemerkungen zur Sprachtheorie Peter Szondis. In: Wirkendes Wort. Deutsche Sprache und Literatur in Forschung und Lehre 65/1, S. 129–141.

Auerbach, Erich(1938): Figura In: Archivum Romancicum 22, 436-489.

________ (1958): Literatursprache und Publikum. Bern.

________ (1994): Mimesis. Dargestellte Wirklichkeit in der abendländlichen Literatur. Bern.

Augé, Marc(2010): Nicht-Orte. München.

Axelos, Kostas(1964): Vers la pensée planétaire. Paris.

________ (2005): Mondialisation without the world. Interview. In: Radical Philosophy Nr. 130, 25-28.

Barck, Karlheinz/Martin Treml(Hg.)(2007): Erich Auerbach. Geschichte und Aktualität eines europäischen Philologen. Berlin.

Bergmann, Ulrike u.a.(Hgg.)(2010): Das Planetrische. Kultur-Technik-Medien im postglobalen Zeitalter. München.

Böhm, G. (Hrsg.) (1995): Was ist ein Bild ? Frankfurt/M..

Bolter, Jay David/Richard Grusin(2000): Remediation. Understanding New Media. Boston.

Bolz, Norbert(1989): Auszung aus der entzauberten Welt. München.

Bolz, Norbert/van Reijen, Willem(1991): Walter Benjamin. Frankfurt/M.

Bormuth, Matthias(2020): Erich Auerbach – Kulturphilosoph im Exil. Göttingen.

Bormuth, Matthias(Hg.)(2017): Erich Auerbach. Die Narbe des Odysseus. Horizente der Weltliteratur. Berlin.

Brandt, Reinhard(1999): Die Wirklichkeit des Bildes. Sehen und Erkennen - Vom Spiegel zum Kunstbild. München.

Braun, Hans-Jürgen/Holzhey, Helmut/Orth, Ernst Wolfgang(Hrsg.) (1988): Über Ernst Cassirers Philosophie der symbolischen Formen. Frankfurt/M.

Breithaupt, Fritz (2017): Die dunkle Seiten der Empathie. Berlin.

________ (2022): Das narrative Gehirn. Berlin.

Bürger, Peter(1992): Prosa der Moderne, Frankfurt/M.

Creeber, G./ Martin, R.(2008): Digital Cultures: Understanding New Media. Open University Press.

Creuzer, Friedrich(1815): Symbolik und Mythologie der alten Völker. Berlin

Derrida, Jacques(1992): Das andere Kap. Frankfurt a. M.

Donnersmarck, Florian Henckel von(2018): Werk ohne Autor. Filmbuch. Berlin.

Eiland, Howard/ McLaughlin, Kevin(1999): Translator's Foreword for the Arcade Project. Cambridge/London.

Eiland, Howard/Jennings, W.(2014): Walter Benjamin. Cambridge.

Eilenberger, Wolfram(2018): Zeit der Zauberer. Stuttgart.

Eliade, Mircea(1998): Das Heilige und das Profane. Vom Wesen des Religiösen. Frankfurt/M.

Fauser, Markus(2003): Einführung in die Kulturwissenschaft. Darmstadt.

Featherstone, Mike(1998): The Flaneur, the City and Virtural Public Life. In: Urban Studies, Vol. 35, Nr. 5-6, 909-925.

Flusser, V. (1992): Die Schrift. Hat Schreiben Zukunft ? Göttingen.

Foucault, Michel (2013): Die Heterotopien. Der utopische Körper. Frankfurt/M.

Freyer, Hans(1920): Der Staat. Leipzig.

Fuhse, Jan A.(Hrsg.)(2008): Technik und Gesellschaft in der Science Fiction.

Berlin.

Gabriel, Markus(2021): Moralischer Fortschritt in dunklen Zeiten. Universale Werte für das 21. Jahrhundert. Berlin.

Gabriel, Markus/ Christoph Horn/Anna Katsman/ Wilhelm Krull/ Anna Luisa Lippold/ Corine Pelluchon/ Ingo Wenzke(2022): Auf dem Weg zu einer Neuen Aufklärung – Ein Plädoyer fär zukunftsorientierte Geisteswissenschaften. Bielefeld.

Gagnebin, Jeanne Marie(2001): Geschichte und Erzählung bei Walter Benjamin. Würzburg.

Goodman, Nelson(1976): Languages of Art. Indianapolis/Cambridge.

Goody, Jack/ Ian Watt(1986): Entstehung und Folgen der Schriftkultur. Mit einer Einleitung von Heinz Schlaffer. Frankfurt/M.

Göpel, Maja(2020): Unsere Welt neu denken. Berlin.

Grimm, Jacob und Wilhelm(1862): Deutsches Wörterbuch. Leipzig.

Grün, Anselm(2013): Auf dem Wege. Münsterschwarzach.

Gumbrecht, Hans Ulrich(2003): Die Macht der Philologie. Frankfurt/M.

Gumbrecht, Hans Ulrich/ Mariann, Michael(2003): Mapping Benjamin. Stanford.

Günzel, Stephan(2007): Topologie. Zur Raumbeschreibung in den Kultur- und Medienwissenschaft. Bielefeld.

Habermas, Jürgen(1983): Die Verschlingung von Mythos und Aufklärung. in: Bohrer, Karl Heinz (Hrsg.): Mythos und Moderne. Frankfurt M., 405-431.

Hagner, Michael/Hörl, Erich(Hrsg.)(2008): Die Transformation des Humanen. Frankfurt/M.

Hartbaum, Verena(2019): Rechts in der Mitte. Hans Kollhoffs CasaPound. in: Arch+, Nr. 235, vom 29. 05. 2019, 217-225.

Hartmann, Frank(2000): Medienphilosophie. Wien.

________ (2000b): Das Technische als Kultur. in: Ders.: Medienphilosophie. Wien. 196-211

Haupter, Ralph(Hrsg.)(2013): Der digitale Dämon. München.

Heidegger, Martin(1993): Sein und Zeit. 17. Auf. Tübingen.

________ (1996): Aus der Erfahrung des Denkens. Stuttgart.

________ (1983): Der Feldweg. Frankfurt/M.

________ (2009): Das Ereignis. Frankfurt a. M.

Heim, Michael(1983): The Metaphysics of virtual Reality. NY.

Herman, David(2002): Story Logic. Problems and possibilities of narrative. Lincoln and London.

Hessel, Franz(2012): Spazieren in Berlin. Berlin.

Hofstetter, Yvonne u.a.(2018): Denken versus Daten. Wie wir Menschen die Kontrolle verlieren. Hamburg.

Honnef, Klaus(2019): Richter. Köln.

Horkheimer, Max/Adorno, Theodor W. (1994): Dialektik der Aufklärung. Frankfurt a. M.

Jäger, Lorenz(2017): Walter Benjamin. Das Leben eines Unvollendenten. Berlin.

Jahraus, Oliver(1994): Franz Kafkas Vor den Gleichnissen. Poetica. 26. 385-408.

Jaspers, Karl(1958): Die Atombombe und die Zukunft der Menschheit. München/Zürich.

________ (1999): Die geistige Situation der Zeit. Berlin.

Jünger, Ernst(1930): Die totale Mobilmachung. In: ders.: Krieg und Krieger. Berlin. 9-30.

________ (1950): Über die Linie. In: Gadamer, Hans-Georg(Hg.): Anteile. Frankfurt a. M. 245-283.

Kany, Roland(1987): Mnemosyne als Programm. Tübingen.

Kiening, Christian/Fleury, Katharina Mertens(Hg.)(2013): Figura. Würzburg.

Kittler, Friedrich A. (2003): Aufschreibesysteme 1800 1900. München.

Konersmann, Ralf(Hrsg.)(2012): Handbuch Kulturphilosophie. Stuttgart/Weimar.

Kracauer, Siegfried(1961): The Nature of Film: The Redemtion of Physical Reality. London.

________ (1971): Zu den Schriften Walter Benjamins, in: ders. Schriften Bd. 5-2, Frankfurt a. M. 119-124.

Kramer, Sven(2003): Walter Benjamin zur Einführung. Hamburg.

Krämer, Sybille(1998): Medium Computer Realität. Frankfurt/M.

Largier, Niklaus(2013): Zwischen Ereignis und Medium. in: Kiening, Christian/Fleury, Katharina Mertens(Hg.)(2013): Figura. Würzburg. 51-70.

Latour, Bruno(2021): Wo bin ich? Lektionen aus dem Lockdown. Berlin.

Lauster, Martina(2007): Benjamin's Myth of the 'Flaneur'. in: Modern Language Review, 102, 139-156.

Ledgerwood, Mikle D(1998): The Semiotics of Cyberspace: Part One, Persona. In: Hess-Lüttich, Ernest W.B. /Jürgen E. Müller/Aart van Zoest (Hrsg.): Signs & Space. Raum & Zeichen. Tübingen, 275-289.

Lindner, Burkhardt(Hrsg.)(2006): Walter Benjamin Handbuch. Stuttgart.

Maak, Niklas(2019): Antisemitische Flaschenpost? in: Frankfurter Allgemeine Zeitung, vom 29.05.2019.

MacGregor, Neil(2016): Germany. Memories of a Nation. New York.

Mahne, Nicole(2007): Transmediale Erzähltheorie. Göttingen.

Mattenklott, Gert(2001): Ästhetik des Ähnlichkeit. Zur Poetik und Kunstphilosophie der Moderne. Hamburg.

Mattenklott, Gert u.a.(2001): Ästhetik des Ähnlichkeit. Zur Poetik und Kunstphilosophie der Moderne. Hamburg.

Mattenklott, Gert(1986): Blindgänger. Frankfurt / M.

Meckel, Miriam(2011): NEXT. Erinnerungen an eine Zukunft ohne uns. Reinbek.

Mitchell, William J. (1992): The Reconfigured Eye. Cambridge/London.

________ (2003): The Work of Art in the Age of Biocybernetic Reproduction. in: Modernism/modernity 10/3, 481-500.

Mitchell, William J.(1992): The Reconfigured eye. Cambridge/London.

Nanci K./Carr,J.D.(2020): As Society Strives for Reduced Contact during the Pandemic, How Can Human Microchipping Help? In: Villanova Law

Review 65. 46-60.

Neffe, Jürgen(2017): Marx. Der Unvollendete. München.

Ngo, Anh-Linh(2019): Die Geschichte gegen den Strich bürsten. in: Arch+, Nr. 235, vom 29. 05. 2019, 1-3.

Nitsche, Jessica(2010): Walter Benjamins Gebrauch der Fotografie. Berlin.

Otto, Rudolf(2004): Das Heilige. München.

Paetzold, Heinz(1994): Die Realität der symbolischen Formen. Darmstadt.

Palmier, Jean-Miche(2019): Walter Benjamin. Berlin.

Redman, Tim(2009): Ezra Pound and Italian Fascism. Cambridge.

Regina Toepfer/Gyburg Radke-Uhlmann (Hgg.)(2015):Tragik vor der Moderne. Literaturwissenschaftliche Analysen, Universitätsverlag Winter, Heidelberg 2015 (Studien zu Literatur und Erkenntnis 6)

Reichardt, Ulfried(2010): Globalisierung. Literaturen und Kulturen des Globalen. Berlin.

Riechers, Hans-Christian(2020): Peter Szondi. Eine intellektuelle Biographie. Frankfurt a. M./New York.

Rieger, Stefan(2003): Kybernetische Anthropologie. Frankfurt/M.

Rollason, Christopher(2002): The Passageway of Paris.

Ryan, Marie-Laure(1994): Immersion vs. Interactivity: Virtual Reality and Literary theory. Postmodern Culture 5.

Ryan, Marie-Laure(2004): Narrative across Media. Lincoln/London.

Sachs-Hombach, Klaus(2005): Bildwissenschaft. Disziplinen, Themen, Methoden. Frankfurt/M.

Sandro, Maria(2022): Passionsspiele Oberammergau 2022. München.

Schenz, Viola(2020): Die Geschichte der Oberammergauer Passionsspiele. Ein Dorf begeistert die Welt. München.

Schmidt, Siegfried. J. Kalte Faszination(2000): Medien Kultur Wissenschaft in der Mediengesellschaft. Velbrück.

Schmitt, Carl(1991): Völkerrechtliche Großraumordnung mit Interventionsverbot für raumfremde Mächte. Berlin.

Schmitt, Carl(1997): Der Nomos der Erde im Jus Publicum Europaeum.

Berlin.

Scholem, Gershom(1975): Walter Benjamin-die Geschichte einer Freundschaft. Frankfurt/M.

Schöttker, Delev(1999): Konstruktiver Fragmentarismus. Frankfurt/M.

________ (2002): Walter Benjamin. Medienästhetische Schriften. Frankfurt/M.

Schöttker, Detlev(2011): Architekturtheorie zwischen Gesellschafts- und Kulturtheorie. Von Adorno zu Sloterdijk. in: Leviathan, Vol. 39, No.1(März 2011), 3-19.

Schöttker, Detlev/Wizisla, Erdmur(2006): Arendt und Benjamin. Texte, Briefe,Dokumente. Frankfurt/M.

Schreiber, Jürgen(2017): Ein Maler aus Deutschland. Das Drama einer Familie. München.

Schulte, Christian(Hrsg.)(2005): Walter Benjamins Medientheorie. Konstanz.

Schultz, Stefan(2019): Was nach der Leistungsgesellschaft kommt. Bedingungsloses Grundeinkommen und wahre Gleichstellung: Deutschland k.nnte auf der Schwelle zu einem neuen Zusammenleben stehen. Warum, erkl.rt ein entwicklungspsychologisches Konzept. in: Der Spiegel, am 09.02.2019.

Schulz, Martin(2005): Ordnungen der Bilder. München.

Shapiro, James(2000): Oberammergau. New York.

Sloterdijk, Peter(2004): Schäume. (Sphären, 3.Bd.: Plurale Sphärologie.) Frankfurt/M.

Stiegler, Bern(Hrsg.) (2010): Texte zur Theorie der Fotografie. Stuttgart.

Straub, Jürgen(1988): Erzählung, Identiät und historisches Bewußtsein. Frankfurt/M.

Ther, Philipp(2019): Das andere Ende der Geschichte. Über die Große Transformation. Berlin.

Thimm, Katja(2022):'Der Esel hat Corona'in: Der Spiegel, Nr. 20/14. 5. 2022, 44-47.

Torra-Mattenklott, Caroline(2016): Poetik der Figur. Paderborn.

Trüby, Stephan(2018): Wir haben das Haus am rechten Fleck. in: Frankfurter

Allgemeine Sonntagszeitung, vom 08.04. 2018, Nr. 14, 46.

Turk, Horst(2003): Philologische Grenzgänge. Zum Cultural Turn in der Literatur. Würzburg.

Turner, Victor W.(1998): Liminalität und Communitas. in; Belliger, Andrea u.a.(hrsg.)(1998): Ritualtheorien. Opladen/Wiesbaden, 249-260.

Virilio, Paul(1980): Geschwindigkeit und Politik. Ein Essay zur Dromologie. Berlin.

Wagner-Engelhaaf, Martina(1997); Die Melancholie der Literatur. Diskursionsgeschichte und Textfiguration. Stuttgart.

Waldow, Stephanie(2006): Der Mythos der reinen Sprache. München.

Weigel, Sigrid(1997): Entstellte Ähnlichkeit. Frankfurt/M.

Wirth, Uwe (Hrsg.)(2002): Performanz. Zwischen Sprachphilosophie und Kulturwissenschaft. Frankfurt/M.

Zechner, Dominik(2021): Rückkher zur Philologie, in: LiLi, 51, 827-831.

가브리엘 마르쿠스, 전대호 옮김, 『나는 뇌가 아니다-칸트, 다윈, 프로이트, 신경과학을 횡단하는 21세기를 위한 정신철학』, 열린책들, 2018.

가브리엘 마르쿠스, 김윤경 옮김, 『왜 세계사의 시간은 거꾸로 흐르는가』, 타인의 사유, 2021.

가브리엘 마르쿠스, 오노 가즈모토·다카다 아키 엮음, 이진아 옮김, 『지나치게 연결된 사회』, 베가북스, 2022.

김영룡, 『내 안의 너-삶의 시화와 문학의 탈신화』, 이담북스, 2011.

______, 「기억의 토포스와 생활세계의 토폴로지. 공감담론과 유년기의 자전적 서술」, 『독일문학』130, 2014, 107-129.

______, 「구원의 니힐리즘과 허무의 메시아니즘-발터 벤야민의 「신학적-정치적 단편」 연구」, 『독일문학』141, 2017, 197-217.

______, 「카리아티드의 노래. 최근 베를린의 건축논쟁과 발터 벤야민의 로지아」, 『독어 교육』75, 2019, 371-391.

______, 「'빈 무덤과 벅찬 가슴'-틈의 공간과 대도시의 기억」, 『독어독문학』153, 2020, 117-136.

______, 「격리와 배회」, 『독일어문학』93, 2021, 168-185.

______,「망각과 회상-1920년대 에리히 아우어바흐와 발터 벤야민의 문학적 친화력 연구」,『독일어권문화연구』20, 2011. 12, 141-165.

______,「기억의 토포스와 생활세계의 토폴로지. 공감담론과 유년기의 자전적 서술」,『독일문학』130, 2014. 06, 107-129.

______,「디지털 사진의 지표성과 매개된 공간의 진리 연관성-구르스키의 구성주의 사진과 벤야민의 미디어 이론」,『독어독문학』147, 2018, 121-144.

______,「'파우스트의 탄식'과 피구라-매체사적 관점에서 바라본 디지털 시대 문예학의 가능성」,『독어교육』75, 2019. 08, 133-153.

______,「'카리아티드의 노래'-최근 베를린의 건축논쟁과 발터 벤야민의 로지아」,『외국문학연구』75, 2019. 09, 371-391.

______,「격리와 배회-(포스트)모던한 삶의 위기와 사유이미지의 지시성」,『독일어문학』93, 2021. 06, 163-185.

______,『피구라와 알레고리』, 좋은땅, 2022.

마노비치 레프, 서정신 옮김,『뉴미디어의 언어』, 생각의 나무, 2004.

맥루한 마샬, 박정규 옮김,『미디어의 이해』, 커뮤니케이션북스, 1997.

버치 노엘, 이윤영 옮김,『영화의 실천』, 아카넷. 2013.

숄렘 게르숌, 최성만 옮김,『한 우정의 역사』, 한길사, 2002.

스메트 마르크 드, 김화영 옮김,『침묵예찬』, 현대문학, 2007.

스피박 가야트리 차크라보르티,『경계선 넘기-새로운 문학연구의 모색』, 인간사랑. 2008.

아감벤 조르조, 김상운 옮김,『세속화 예찬』, 난장, 2010.

아감벤 조르조, 윤병언 옮김,『불과 글』, 책세상, 2016.

유영성 외,『초연결 사회의 도래와 우리의 미래』, 한울, 2013.

파에촐트 하인츠, 봉일원 옮김,『카시러』, 인간사랑, 2000.

보람과 바람

디지털 시대 내러티브의 윤리성과 미래지향적인 인문학

지은이 김영룡
펴낸이 양오봉
펴낸곳 전북대학교출판문화원

초판 1쇄 인쇄 2025. 11. 25.
초판 1쇄 발행 2025. 11. 30.

전북대학교출판문화원 전라북도 전주시 완산구 어진길 32 (풍남동2가)
전화 (063) 219-5319~5322
FAX (063) 219-5323
출판등록 2012년 8월 20일 제465-2012-000021호

값 20,000원

ISBN 979-11-6372-257-1 93800